AVIGNON

NOUVELLE ÉDITION

AVEC VINGT-DEUX GRAVURES

ET UN PLAN

AVIGNON

LES ARMES D'AVIGNON

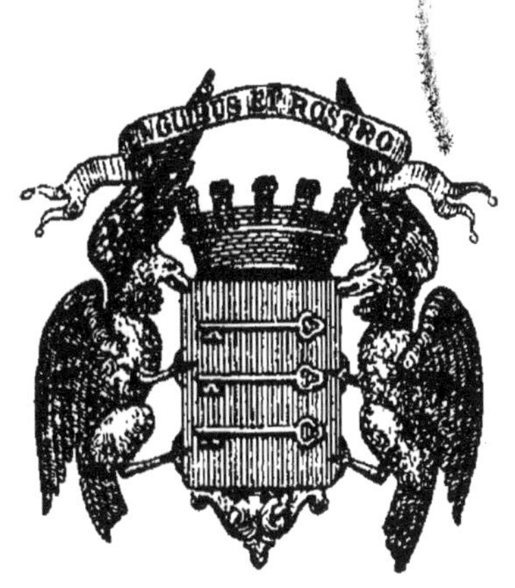

TROIS CLEFS D'OR SUR CHAMP DE GUEULES,

AVEC DEUX GERFAUTS POUR SUPPORTS

ET LA DEVISE :

UNGUIBUS ET ROSTRO

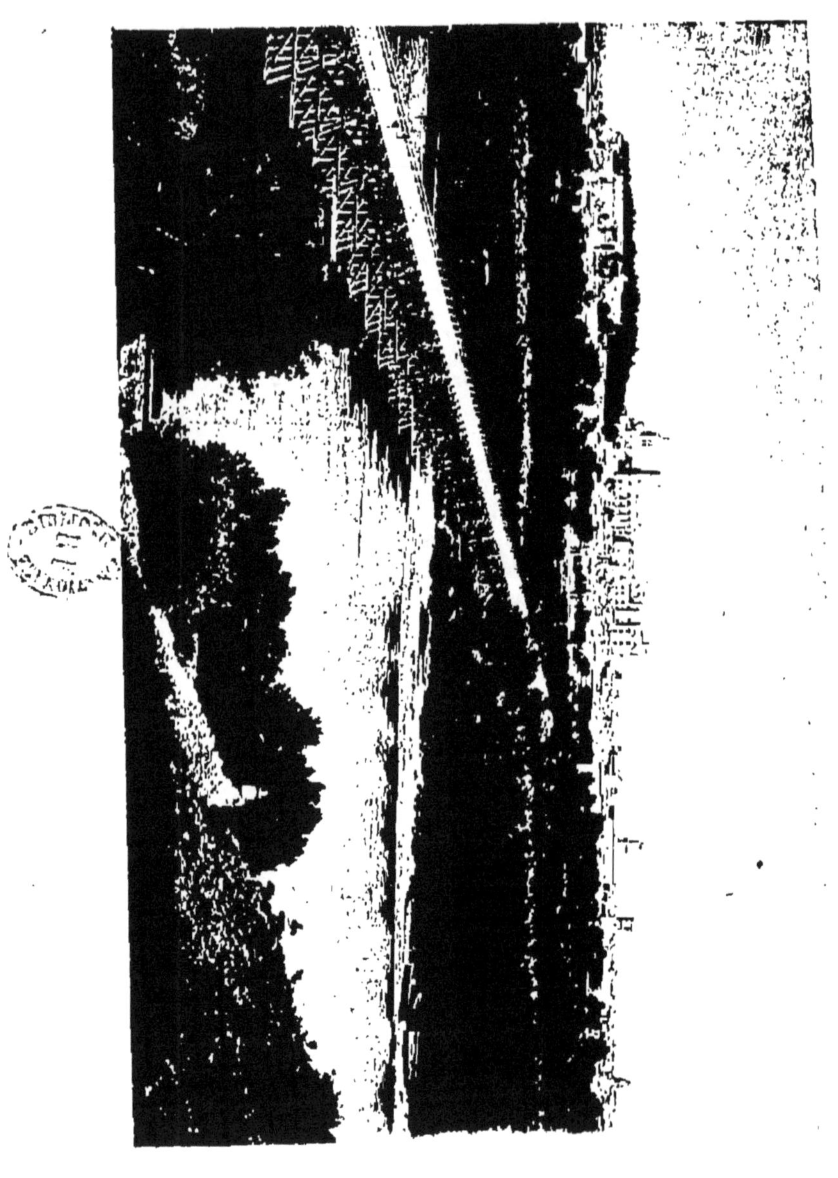

AVIGNON

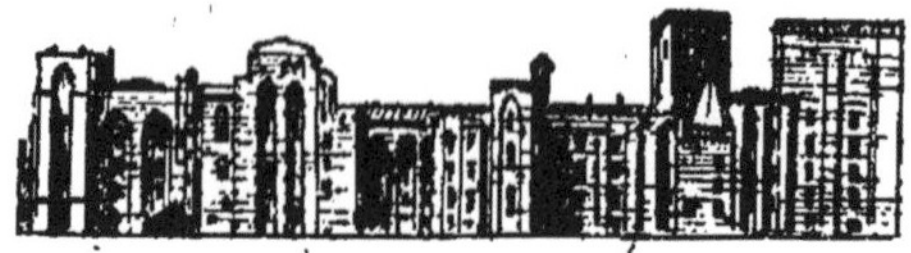

LA VILLE ET LE PALAIS DES PAPES

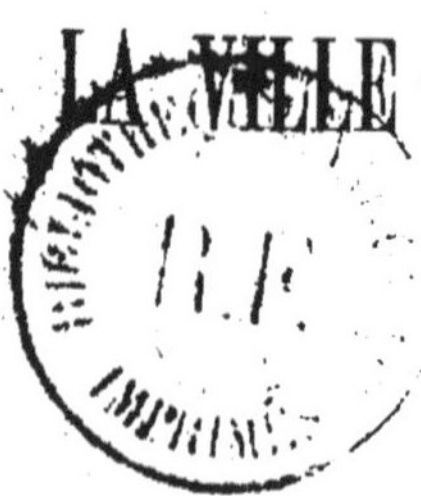

PAR

A. PENJON

NOUVELLE ÉDITION

AVEC VINGT-DEUX GRAVURES
ET
UN PLAN

AVIGNON
J. ROUMANILLE, LIBRAIRE-ÉDITEUR
Rue Saint-Agricol, 19.

Voici une nouvelle édition d'un petit livre qui a été déjà bien accueilli.

En la publiant, je remercie tous ceux dont le bienveillant concours m'a aidé à la rendre plus exacte, plus complète, plus ornée.

Je dois une reconnaissance toute particulière à M. le Conservateur de la Bibliothèque et du Musée Calvet, M. DELOYE, *dont l'obligeance infatigable égale la profonde érudition, et aussi à* M. DUHAMEL, *l'Archiviste du département de Vaucluse : j'ai profité de ses savantes recherches, de ses travaux, beaucoup plus que sa modestie ne m'a permis de le dire expressément.*

MM. les Éditeurs du Dictionnaire d'Architecture de Viollet-le-Duc *ont bien voulu, de leur côté, m'autoriser à faire réduire et reproduire en photogravure quelques planches de cet admirable ouvrage : je les prie d'agréer mes plus vifs remerciements.*

Grâce à ces sympathies et aux secours qu'elles m'ont valus, ce petit volume paraîtra plus digne, je l'espère, d'une ville que j'ai toutes raisons d'aimer.

A. P.

TABLE DES GRAVURES.

AVIGNON

I.

AVANT LES PAPES.

L'ANTIQUITÉ.

Le Rocher des Doms, entouré d'eau de toutes parts et percé de quelques cavernes au midi ; une tribu de pêcheurs n'ayant vraiment à redouter que le vent du nord, le *mistral*, préoccupée avant tout de surprendre, pour les piller, les grossiers radeaux qui passaient à sa portée : voilà, pendant l'âge de pierre, Avignon et ses premiers habitants. De la Saône à la mer, aucune station ne fut alors plus forte et plus redoutée. Les étymologistes pourraient bien cette fois avoir raison, et le nom de forme grecque — *Aouenion* — viendrait en ligne droite d'une expression celtique qui veut dire : « le souverain des eaux. »

Par degrés, les conditions d'existence s'adoucirent et les mœurs avec elles ; le cours du Rhône, peu à peu, s'était reporté au couchant ; des huttes, des maisons, furent bâties auprès des cavernes et, plus tard, descendirent à l'abri du rocher, dans la plaine desséchée ; le nombre des Avignonais s'accrut et leur ville devint, dans la suite des âges, la capitale des Cavares. Les Phocéens de Marseille leur envoyèrent-ils une colonie ? Il leur fallut du moins, pour assurer à l'intérieur des terres leurs relations commerciales, rechercher l'amitié des maîtres du fleuve ; ils finirent par leur imposer leur suprématie. Au temps de César, Avignon était cependant assez puissante pour que le futur vainqueur des Gaules appréciât son alliance ; elle avait à se plaindre de Marseille ; elle ne s'affranchit de la juridiction de cette ville que pour tomber sous la domination romaine.

Comment se fait-il qu'il ne lui reste rien aujourd'hui des monuments dont les Romains payaient si libéralement la soumission de leur *Province ?* Entre Nîmes, Arles et Orange, si riches en antiquités, Avignon, plus ancienne que la première de ces villes, au moins aussi importante que les deux autres, n'a rien ou presque rien à montrer qui témoigne de sa splendeur au temps des Césars. C'est qu'elle a été dévastée et saccagée plus qu'aucune autre, surtout au moment des guerres sarrasines, rebâtie par les papes, qui ont enfoui sous leurs palais des ruines précieuses, et, depuis, très peu fouillée. On pourrait chercher, il est vrai, derrière le nouveau théâtre, une suite d'arcades romaines, les restes d'un hippodrome; mais il n'y en a qu'une à découvert, à la descente de la Madeleine; les autres sont noyées dans les constructions modernes. On a retrouvé aussi, çà et là, quelques fondations monumentales, quelques pavés en mosaïque, quelques fragments de statues, des monnaies ou des médailles et un certain nombre d'inscriptions grecques et latines. La plupart de ces débris sont au musée.

Pour le reste, il faut s'adresser aux traditions locales ; elles ont conservé les noms des divinités auxquelles étaient dédiés tels ou tels temples disparus, et ceux des papes qui ont le plus contribué à effacer les derniers vestiges de l'idolâtrie. C'est peu. Quelques centaines de francs dépensés en fouilles donneraient peut-être, comme le disait Stendhal il y a plus de quarante ans, des résultats intéressants. On ne l'a pas essayé.

L'ÈRE CHRÉTIENNE. — LES INVASIONS.

Prédestinée à devenir pendant près d'un siècle la capitale du monde chrétien, Avignon ne pouvait pas attendre longtemps la prédication de la foi ; elle devait être des premières, au contraire, à entendre la bonne nouvelle.

Les Juifs eux-mêmes font précisément, sans le vouloir, ce qu'il faut pour lui envoyer des missionnaires. Après l'Ascension de Notre Seigneur, ils saisissent Lazare, Marthe et Madeleine, Marcelle, leur servante, et Maximin, l'un des soixante-douze disciples de Jésus, les mettent dans une barque sans voiles ni rames, et les abandonnent ainsi à un naufrage certain sur la vaste mer. Mais, guidée par la main de Dieu, la barque les porte tous sains et saufs à Marseille où elle vient aborder. Ce miracle et les prédications des saints étrangers convertissent à la religion chrétienne les habitants de Marseille, ensuite ceux d'Aix et des provinces voisines ; Avignon en prend naturellement sa part, et, l'an 70, elle mérite d'avoir pour premier évêque l'un des fils de Simon le Cyrénéen, l'un des collaborateurs les plus actifs de l'apôtre saint Paul, saint Ruf, qui gouverne vingt ans la nouvelle Eglise.

Les persécutions ne devaient pas épargner la Provence. Mais une profonde obscurité succède aux étonnantes clartés des premiers jours, et l'on ne sait presque rien de ce qui intéresse la foi depuis le martyre de saint Ruf jusqu'à l'avènement de Constantin. Lorsque cet empereur vint à Arles, il ordonna de rétablir les églises et de rendre leurs biens au clergé et aux fidèles, trop longtemps persécutés. C'est à lui que les archéologues attribuent la reconstruction de Notre-Dame-des-Doms. De cette première reconstruction il ne reste aujourd'hui que le portique. Le vaisseau de l'église actuelle est, pour la plus grande partie, du XIIe siècle.

Aux persécutions allaient succéder les invasions du nord et les invasions du midi. Après la chute de l'empire romain, Avignon est comme abandonnée sur la route des barbares. Elle est d'abord pillée par les Vandales et les Goths ; les petits rois qui se partagent ensuite la Gaule ne s'en emparent que pour lui faire payer les frais de leurs querelles. Tour à tour, elle dépend du roi de Bourgogne, Gondebaud, qui s'y fait assiéger inutilement par Clovis ; de Théodoric ; d'un autre roi de Bourgogne, Gontran, à qui Mummol l'enlève un jour pour la donner au roi d'Austrasie. Que valait l'intercession de ses plus saints évêques contre les excès des fils de Clotaire et les incursions des Lombards?

Les Sarrasins lui réservaient de pires malheurs, non sans gloire. Elle ne voulut pas, comme la plupart des villes de Provence, se livrer sans combattre aux musulmans. Ses enfants allèrent se faire égorger au passage de la Durance, qui en prit d'abord le nom de *Maupas*; on y voit aujourd'hui les restes d'une maison de chartreux, qui, songeant plutôt à l'honneur, ont donné et laissé le nom de *Bonpas* à ces thermopyles avignonaises. Charles-Martel accourut au secours d'Avignon; il était trop tard. Youssouf s'en était emparé, l'avait encore fortifiée, et il s'y défendit pendant un an. Le dernier assaut fut terrible; au milieu de la ville embrasée, tous les Sarrasins furent massacrés: la rue des Orfèvres en fut appelée jusqu'à nos jours la rue *Rouge*, et de longtemps les Avignonais ne purent relever les ruines que le vainqueur de Poitiers leur avait rendues.

Une si rude commotion avait fortement ébranlé, comme on pense, l'ordre et les bonnes mœurs. Charles entreprit de les rétablir. L'évêque d'Orléans et l'archevêque de Lyon vinrent en qualité de *missi dominici*. Les

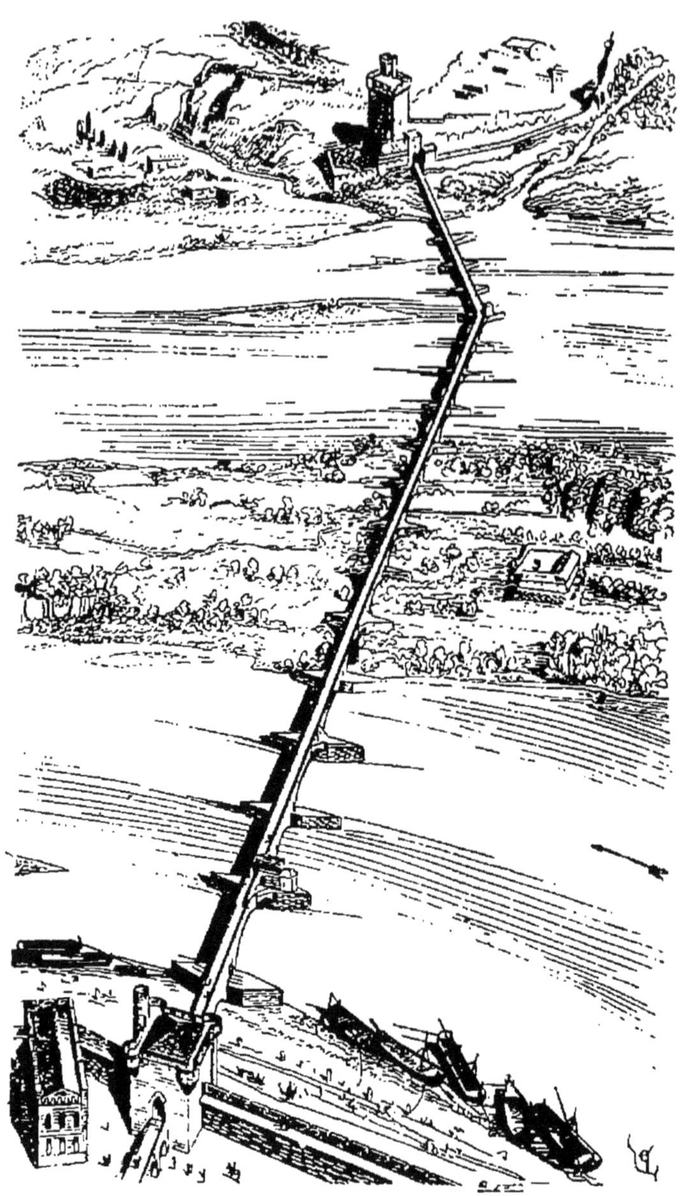

Le pont Saint-Bénézet à vol d'oiseau

(XIVe siècle)

vexations des seigneurs, des juges subalternes et des clercs indignes qui remplissaient les charges ecclésiastiques, furent réprimées. Avec la paix, le commerce refleurit; les Avignonais s'associèrent même à plusieurs reprises avec leurs voisins de Marseille pour des expéditions maritimes.

La dissolution de l'empire carlovingien amena d'autres vicissitudes. Avignon fait encore partie d'un royaume de Bourgogne; elle accepte ensuite la souveraineté des comtes de Provence et des comtes de Toulouse, et finit par se mettre en république.

LA RÉPUBLIQUE AVIGNONAISE. — LE PONT SAINT-BÉNÉZET.

La république d'Avignon devait durer un peu plus d'un siècle (1135-1251), mais pas davantage. Ce n'était cependant pas une démocratie. Le peuple, au contraire, ne prenait qu'une part très indirecte au gouvernement, et il paraît avoir eu la sagesse de s'en contenter. La chute de la commune eut des causes toutes spéciales. L'évêque Geoffroy était allé à Besançon demander à l'empereur Frédéric Barberousse la confirmation des franchises et libertés communales. Il réussit; mais il ne s'oublia pas, et il obtint qu'il aurait lui-même dans l'administration de la ville une influence proportionnée au service rendu : les quatre consuls d'Avignon avaient échangé la tutelle des comtes contre celle de leurs évêques. De là des différends qui s'aigrirent avec le temps, et une singulière disposition des Avignonais à voir sans horreur l'hérésie des Albigeois. Bien plus, ils se liguèrent avec le chef de ces hérétiques, Raymond VII, qui se montra reconnaissant en leur concédant maint territoire. Mais la bulle d'interdiction lancée contre ce prince devait atteindre ses alliés. Si l'on joint à cela quelques discordes, comme il en survient aisément entre nobles et bourgeois, quelques troubles civils et leurs suites ordinaires, l'établissement d'une dictature pour réprimer les excès, l'impuissance du dictateur ou podestat à former avec Marseille une *ligue du Midi*, on comprendra dans quel désarroi se trouva la commune lorsqu'en 1226, le roi de France, pour faire exécuter la sentence du pape, se présenta sous ses murs. Les Avignonais se défendirent bravement ; le siège dura trois mois : la défaite fut désastreuse. Les remparts rasés, trois cents maisons démolies, deux cents otages exigés, bon nombre d'habitants mis à mort et une énorme rançon, c'était plus qu'il n'en fallait pour extirper l'hérésie et préparer à courte échéance la ruine de la république !

Avignon, de nouveau, comme une simple propriété, passe de main en main, par traité ou par héritage, en tout ou en partie. Philippe le Hardi donne au saint-siége le Comtat — 1274 — et garde la moitié de la ville ; l'autre moitié appartenait alors au comte de Provence et roi de Naples, Charles II, à qui Philippe le Bel cédera un jour sa part. Jeanne de Naples pourra ainsi vendre le tout au pape Clément VI — 1348 — pour une absolution.

La rue Joseph-Vernet, la rue des Lices et la rue Philonarde déterminant l'enceinte que Louis VIII fit renverser, on peut aisément mesurer de combien s'est agrandie plus tard la ville des papes. Mais la république d'Avignon a laissé un monument qui est populaire encore aujourd'hui dans la France entière. On n'en voit plus, il est vrai, que les restes, mais les traditions et surtout une ronde enfantine en ont rendu le souvenir impérissable :

Sur le pont d'Avignon,
Tout le monde y passe....

On dira peut-être que la construction de ce pont, tout extraordinaire qu'elle fût en 1177, est naturelle, qu'elle témoigne seulement de la prospérité de la commune, que la corporation des *Hospitaliers pontifes*, créée spécialement pour ce genre de travaux, date du milieu du XIIe siècle, et que le chef de cette corporation, Bénézet (le petit Benoît), avait déjà bâti un pont sur la Durance, à Maupas, quand il vint offrir ses services aux consuls de la république. Bien plus, il est certain qu'il y avait eu déjà un pont romain à cet endroit : on voit encore, quand le Rhône est bas, la naissance des vieux arceaux romains dans les substructions du pont Saint-Bénézet. Mais c'est là de l'histoire ; voici la légende, et, pour tout bon Avignonais, elle est plus vraie que l'histoire.

Bénézet était un jeune berger, né dans les environs de Viviers, en Vivarais. Un jour qu'il gardait le troupeau de sa mère, par trois fois, une voix, la voix de Jésus-Christ lui-même, l'appela et lui ordonna d'aller à Avignon jeter un pont sur le Rhône. L'enfant interdit songe d'abord à ses moutons : que deviendra son troupeau en son absence? et puis comment pourra-t-il bâtir un pont, lui qui ne sait rien, pas même où se trouve le Rhône, et qui n'a que sept oboles? « Ton troupeau sera gardé, ramené ; toi-même tu sauras tout ce qu'il faut à mesure qu'il le faudra ; on te conduira et l'argent ne te manquera pas. » Un ange sous la figure d'un pélerin se présente ; il n'y a plus qu'à obéir.

Au bord du fleuve, le guide de Bénézet le quitte en lui donnant les derniers encouragements. Un batelier consent à passer l'enfant pour trois deniers. Il se rend directement à l'église, où l'évêque prêchait, s'avance résolûment au milieu des fidèles, et d'une voix ferme : « Ecoutez tous, dit-il, Monseigneur Jésus-Christ m'envoie pour faire un pont sur le Rhône. » L'évêque, interrompu par un personnage de si chétive apparence, et indigné, comme on peut le croire, le fait conduire au viguier pour être châtié de son insolence et de son imposture. Bénézet répète au viguier ce qu'il a dit à l'église. « Un pont sur le Rhône, toi, un misérable berger, quand pas un roi, pas même le grand Charlemagne n'a osé l'entreprendre ! Cependant, avant de te punir comme tu le mérites, je veux bien t'éprouver. Tu vois cette pierre ? si tu peux la porter, je croirai que Dieu t'envoie. » L'évêque et le peuple sont convoqués pour assister à l'épreuve La pierre, Nostradamus l'affirme, n'avait pas moins de treize pieds de long sur sept de large ; elle était épaisse à proportion. Bénézet la soulève comme un léger fardeau, la charge sur ses épaules, et, suivi de l'évêque et du viguier tout ébahis, au milieu des acclamations du peuple entier, la porte jusqu'au bord du Rhône. « Voilà pour les fondations ! » dit-il, en la posant à terre. On imagine aisément l'enthousiasme, l'allégresse universelle. Avant la fin de la journée, le berger, vénéré déjà comme un saint, avait recueilli cinq mille sous d'or pour compléter son miracle. Il montra qu'il en pouvait faire aussi d'autres, et tous les aveugles, tous les sourds, tous les boiteux de la ville en profitèrent.

La légende aurait bien dû ajouter quelques détails sur l'emploi des sous d'or, sur la construction même du pont. Elle s'arrête là. Nous savons toutefois que huit ans suffirent pour venir à bout de l'entreprise, mais Bénézet ne vit pas l'achèvement de son œuvre.

Ce pont[1] avait environ neuf cents mètres de longueur et quatre seulement de largeur ; il faisait un coude, en amont et du côté de Villeneuve, comme pour mieux résister au courant. Ses dix-neuf arches étaient légèrement exhaussées en demi-ellipse ; entre elles, dans les tympans, au-dessus des piles, terminées en

[1] Le pont Saint-Esprit, presque aussi fameux, et qui subsiste tout entier, ne fut construit par la même Confrérie que cent ans plus tard, de 1265 à 1309.

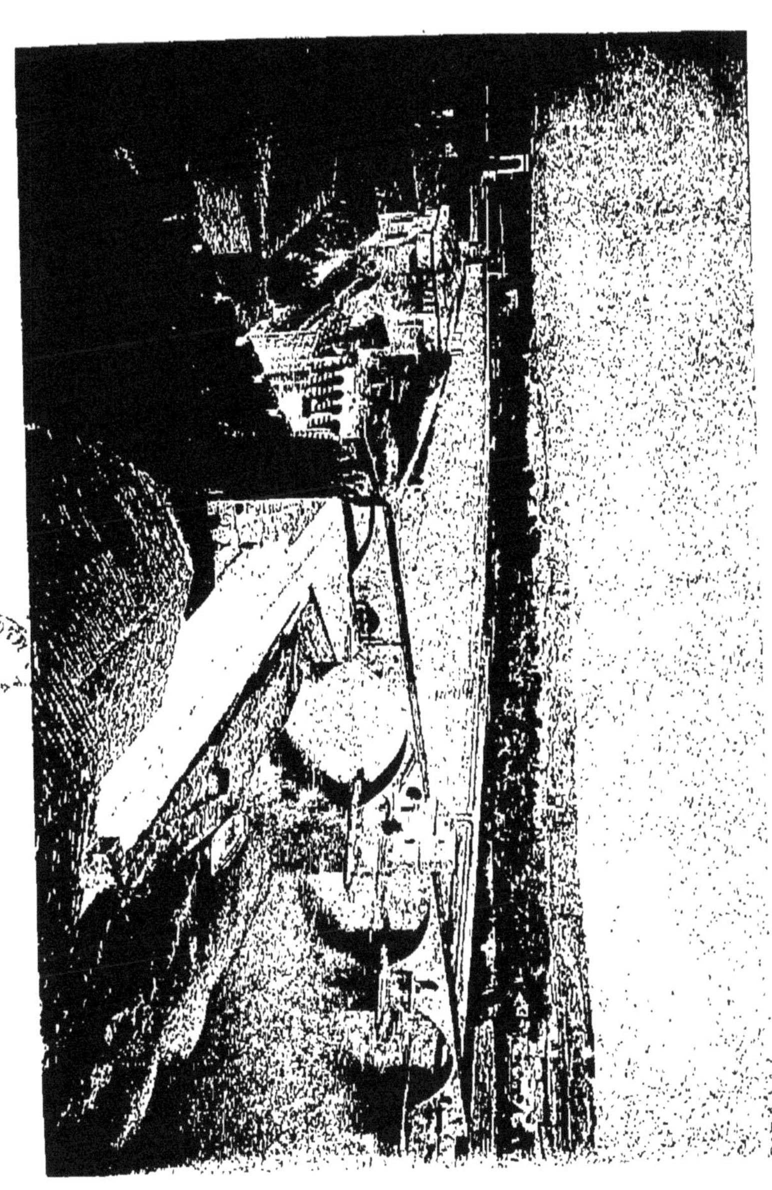

aval comme en amont par des éperons très aigus, de petites ouvertures devaient faciliter, pendant les inondations, le passage des flots. Malgré ces précautions, et sans parler des guerres qui le firent couper plusieurs fois, les crues si terribles du fleuve lui ont causé, à différentes reprises, de grands dommages : on s'est lassé à la fin de relever les arches qu'elles renversaient. Il n'en reste que quatre aujourd'hui. Le Rhône a emporté les débris de toutes les autres, et, aux basses eaux, il semble ricaner autour des fondations qu'il n'a pas encore arrachées.

Mais il a respecté la vénérable chapelle de Saint-Nicolas, où l'on avait déposé les reliques de saint Bénézet. Porté en amont sur la seconde pile, ce curieux édicule, qui date du XIIe siècle, ne laisse au tablier, devant lui, qu'une largeur de deux mètres. Le sol primitif est placé à 4m50 au-dessous de ce tablier ; on y descend par un escalier pratiqué partie en encorbellement, partie aux dépens de l'épaisseur du pont. Par une arcade, les passants pouvaient voir l'intérieur de la chapelle qui était ouverte par une autre arcade en contre-bas, vers l'aval, sur l'éperon. Mais, au XIVe siècle, elle fut divisée par un plancher. La nef de la chapelle supérieure, de plain-pied avec le pont, est cintrée et l'abside ogivale ; l'étage offre des dispositions contraires et repose directement sur la pile. Le tout est surmonté d'un petit clocher-arcade à girouette.

Le pont Saint-Bénézet est aujourd'hui classé parmi les monuments historiques ; on en a restauré les débris et la chapelle ; on les a mis en état de supporter longtemps encore et les inondations du Rhône et les furieux assauts du mistral, auxquels, depuis plus de sept cents ans, ils résistent ; mais on ne passe plus sur le pont d'Avignon !

II.

SOUS LES PAPES.

LES FONDATEURS DU PALAIS.

« Qui n'a pas vu Avignon du temps des papes n'a rien vu. Pour la gaieté, la vie, l'animation, le train des fêtes, jamais une ville pareille. C'était du matin au soir des processions, des pélerinages, les rues jonchées de fleurs, tapissées de hautes lisses, des arrivages de cardinaux par le Rhône, bannières au vent, galères pavoisées, les soldats du pape qui chantaient du latin sur les places, les crécelles des frères quêteurs ; puis, du haut en bas, des maisons qui se pressaient en bourdonnant autour du grand palais papal comme des abeilles autour de leur ruche ; c'était encore le tic-tac des métiers à dentelles, le va-et-vient des navettes tissant l'or des chasubles, les petits marteaux des ciseleurs de burettes, les tables d'harmonie qu'on ajustait chez les luthiers, les cantiques des ourdisseuses : — par là-dessus le bruit des cloches, et toujours quelques tambourins qu'on entendait ronfler là-bas, du côté du pont. Car chez nous, quand le peuple est content, il faut qu'il danse, il faut qu'il danse, et comme en ce temps-là les rues de la ville étaient trop étroites pour la farandole, fifres et tambourins se portaient sur le pont d'Avignon, au vent frais du Rhône, et jour et nuit l'on y dansait... l'on y dansait... Ah ! l'heureux temps ! l'heureuse ville ! Des hallebardes qui ne coupaient pas ; des prisons où l'on mettait le vin à rafraîchir ! Jamais de disette ; jamais de guerre !... »[1]

Voilà bien, sous une forme charmante, le roman d'Avignon, au temps des papes ! La réalité est un peu différente.

Comment vint aux Avignonais cette bonne fortune d'héberger les papes, tout le monde le sait. Philippe le Bel avait eu des démêlés avec Boniface VIII. Pour en prévenir le retour, il osa rêver de mettre la papauté dans sa main, et il y parvint. Il pouvait vouloir : il voulut un pape français, demeurant en France ; il songea à son pire ennemi, l'archevêque de Bordeaux,

[1] Alphonse DAUDET, *Lettres de mon moulin*, *La Mule du Pape*.

Bertrand de Grotte, le rencontra, si nous en croyons Villani, dans une forêt et lui dit : « Archevêque, je puis te faire pape si je veux, pourvu que tu promettes de m'octroyer six grâces que je te demanderai. » Bertrand tomba à ses genoux et lui répondit : « Monseigneur, c'est à présent que je vois que vous m'aimez plus qu'homme qui vive et que vous voulez me rendre le bien pour le mal. Commandez et j'obéirai. »

Il obéit, fut élu, prit le nom de Clément V et vint s'établir à Avignon en 1309. Il accorda au roi la condamnation des Templiers, qui enrichit le trésor de France, et se contenta d'habiter le couvent, aujourd'hui rasé, des Dominicains ou Frères prêcheurs.

Un pape peut être docile ; la papauté ne l'est guère, ou elle revient vite à son naturel, qui n'est pas de se soumettre. Les successeurs de Clément V restent par choix à Avignon et non par ordre ; ils préfèrent le séjour de cette ville à celui de l'Italie, alors déchirée par les factions des Guelfes et des Gibelins ; mais ils n'ont pas de plus grand souci que de se mettre en garde contre une surprise, contre un nouvel attentat du roi de France ; pour cela, avant l'invention de la poudre, de bonnes murailles suffisaient ; mais il les fallait. Les papes d'Avignon se firent un château fort, et quel château !

A l'avènement de Jean XXII (1316) la pente méridionale du Rocher était couverte de pâturages et d'habitations ; au sommet se dressait le château du Podestat ; plus bas, à côté de Notre-Dame-des-Doms et de l'église Saint-Etienne, celui de l'évêque. Le pape jette par terre le château de l'évêque, l'église Saint-Etienne, et, sur l'emplacement, se fait bâtir une forte demeure. On construisait en même temps, au fond de la place, pour son neveu, Arnaud de Via, le Petit-Palais, qui devint bientôt la demeure des évêques d'Avignon ; c'est le petit séminaire aujourd'hui.

Benoît XII (1335-1342) hérite du pouvoir et d'un trésor d'environ trois cent cinquante millions, somme énorme pour le temps, que les *annates, réservations, provisions, exemptions, expectatives*, autant de droits inventés par son prédécesseur, avaient permis d'accumuler. Son premier soin est de faire démolir le palais de Jean XXII, et, sur les plans d'un architecte français dont le nom seul est italien, Pierre Obreri, commencent à s'élever à côté du Rocher, ou plutôt sur ses dernières assises, les constructions dont l'ensemble composera la masse formidable du palais apostolique ou palais des papes.

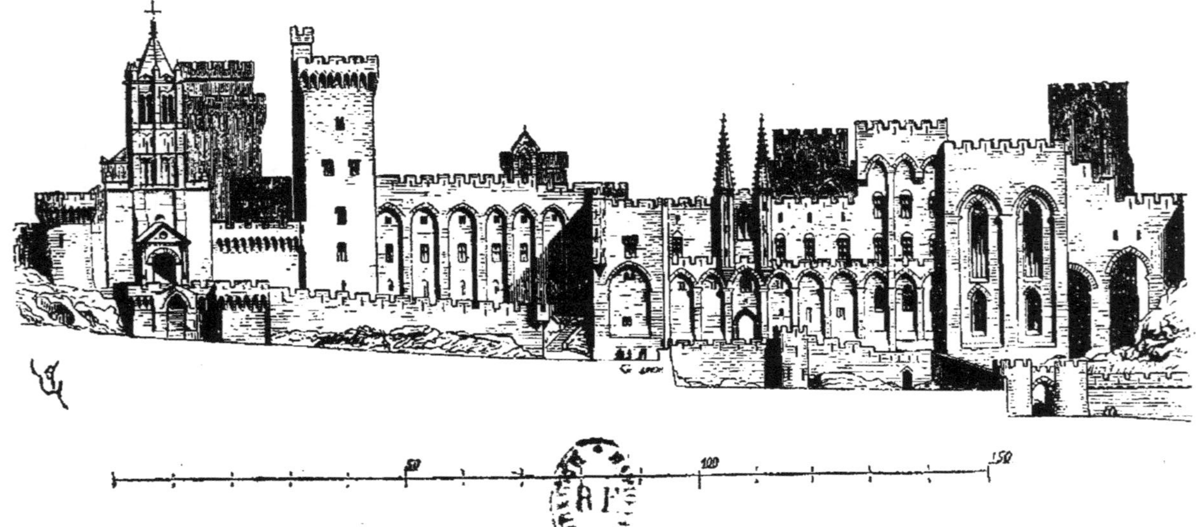

Le Palais des Papes au XIVe siècle.

On ne bâtit d'abord que la partie septentrionale, la plus rapprochée de Notre-Dame, avec quatre tours, parmi lesquelles la tour Trouillas à l'angle nord-est, la plus forte de toutes, le donjon de la place ; mais les successeurs de Benoît XII vont continuer son œuvre.

A Clément VI (1342-1352) revient l'honneur d'avoir construit l'énorme corps de logis occidental et une partie des bâtiments qui le bornent au midi. La porte et les clefs de voûte de l'entrée principale sont encore aujourd'hui décorées de ses armes.

Innocent VI (1352-1362) superpose à la chapelle basse, que son prédécesseur avait achevée, la chapelle haute, et ajoute au palais la tour Saint-Laurent.

Urbain V (1362-1370) fait creuser dans le roc la cour d'honneur, le puits, et construire la façade orientale (V. le *titre* de cette Notice) avec la septième et dernière tour [1], la tour des Anges.

Grégoire XI ne bâtit rien et retourne à Rome en 1377.

[1] Les quatre tours qu'il nous reste à nommer sont la tour Saint-Jean, l'Estrapade, la Campane (ou la Cloche) et la Gâche. Comme on peut le voir dans la cour d'honneur, chaque partie du palais, à mesure qu'on la bâtissait et tant qu'elle restait à découvert, était fortifiée de tous côtés.

LE PALAIS DES PAPES.

Le palais est donc l'œuvre de quatre papes, tous Français. Dans cette *seconde captivité de Babylone*, comme disent les Italiens, ils n'ont certes pas mal employé le temps : leur massive demeure couvre à elle seule quinze mille cent soixante-cinq mètres carrés. Forteresse avant tout, c'était aussi une habitation digne des souverains pontifes. « C'est, disait Froissard, la plus belle et la plus forte maison du monde. » Mais il est difficile aujourd'hui d'en apprécier la beauté. Déjà au XVIIIe siècle, où l'on prisait fort peu les œuvres du moyen âge, cette « maison » avait subi de graves atteintes. La France, lorsqu'elle en hérita, en fut longtemps embarrassée. Enfin, vers 1812, on prit le parti le plus naturel au point de vue de l'intérêt, de l'économie, sinon de l'histoire et des arts : on en fit une caserne. Mais il a fallu diviser les hauts appartements par des planchers ou par des voûtes, noyer les chapiteaux et les sculptures dans les attaches de ces voûtes, et livrer au pillage des peintures que l'on aurait pu préserver peut-être. Du moins a-t-on sauvé l'ensemble et conjuré les ravages du temps.

Le palais des papes est très irrégulier ; mais c'est mal expliquer cette irrégularité que de l'attribuer à une prétendue diversité de plans successivement adoptés. La question de symétrie préoccupait fort peu les architectes du moyen âge. Ils cherchaient uniquement à placer les services suivant les terrains ou l'orientation la plus favorable, suivant les besoins, et ils donnaient à chaque corps de logis la forme et l'apparence qui convenaient à sa destination. A ce point de vue, le palais des papes est peut-être l'œuvre la plus admirable de l'architecture française[1] du Midi au moyen âge. Il était impossible de concilier avec plus de science les caractères d'une forteresse et ceux d'un palais.

Pour la défense, il suffit de considérer l'ensemble de l'édifice, l'épaisseur de ces murailles, la hauteur de ces tours. Encore faut-il se les représenter avec leur couronne de créneaux aujourd'hui tombés pour la plupart. De plus, ces immenses ogives qui s'ouvrent tout alentour sur de gigantesques pilastres ne sont pas là pour l'ornement. Par une disposition spéciale au

[1] Il est à noter, en effet, que les architectes du palais étaient français : Guillaume de Cucurron, sous Jean XXII ; Pierre Poisson, sous Benoît XII ; Pierre Obreri, sous Clément VI ; Jean de Loupières. Raymond Guitbaud et Nogayroly, sous Urbain V.

palais des papes, derrière ces arcatures, le mur, auquel leurs pilastres servent de contre-forts, est en retraite de deux pieds environ : cet intervalle entre une arcade et la muraille est un *mâchicoulis*. Au lieu des pierres et des traits que les petits mâchicoulis des forteresses du nord ou ceux des remparts mêmes d'Avignon permettaient de jeter sur l'assaillant, on pouvait lancer ici par ces longues rainures des poutres énormes, et ces poutres, tombant horizontalement, et lancées en avant par l'inclinaison de la muraille à sa base, balayaient tout devant elles.

Au dedans, toutes les parties du palais étaient reliées avec soin les unes aux autres par des escaliers, par des couloirs, pratiqués le plus souvent dans l'épaisseur des murs, et les défenseurs pouvaient courir par le plus court aux points menacés.

Les portes, les poternes (on en a muré plusieurs), étaient percées dans des rentrants, bien masquées et défendues par des mâchicoulis, des herses, des vantaux à toute épreuve. Devant l'entrée principale une esplanade fortifiée dominait toute la *place du Palais*, et cette place elle-même, jusqu'à l'évêché, était couverte d'une suite de remparts crénelés, qui, ne laissant entre eux que d'étroits espaces,

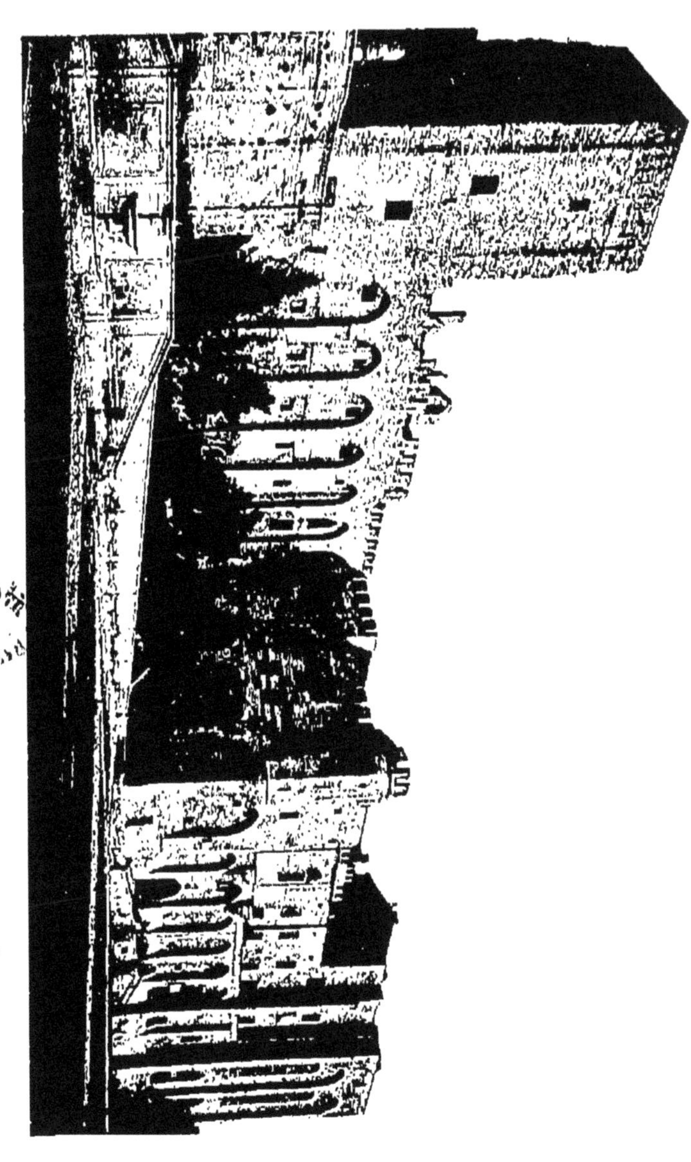

en faisaient une sorte de damier et se reliaient au mur d'enceinte. Ce mur d'enceinte, à son tour, descendait d'un côté jusqu'au Rhône, et, de l'autre, se rattachait au fort Saint-Martin, bâti au sommet du Rocher. Enfin, des rampes ménagées le long de ce fort aboutissaient au châtelet qui défendait l'entrée du pont Saint-Bénézet.

Si l'on songe que l'escarpement du Rocher, au levant comme au nord, est abrupt et domine les rues de la cité, on conviendra que l'assiette de cette forteresse ainsi entourée « était merveilleusement choisie pour tenir la ville sous sa dépendance ou sa protection, pour surveiller les rives du fleuve précisément au point où il fait un coude assez brusque, pour être en communication avec le mur d'enceinte, et pour sortir au besoin sans être vu.[1] » L'imagination populaire ne se contente cependant pas pour si peu : elle a vu des souterrains dans les égouts, maintenant obstrués, du château, des souterrains qui passaient sous le Rhône pour aboutir à Villeneuve !

Le palais ne le cédait pas à la forteresse. Il faudrait dire *les palais*. Les papes d'Avignon

[1] Archives de la Commission des monuments historiques, t. III.

n'aimaient pas demeurer chez leur prédécesseur, et chacun d'eux se faisait construire en quelque sorte un nouveau logis. Ainsi les appartements de Benoît XII étaient autour d'une première cour, tout auprès de Notre-Dame, et ceux d'Urbain V, vingt ans plus tard, à l'extrémité opposée, au premier étage du corps de bâtiments, au sud-est, ayant vue sur la cour d'honneur.

Sans doute ce n'étaient pas des appartements à la moderne, s'ouvrant largement au dehors. Les murs extérieurs n'étaient percés au contraire, si nous exceptons les grandes baies ogivales des deux chapelles superposées au midi, que de petites ouvertures, et l'on y voyait plus de meurtrières que de fenêtres. Mais toutes les salles étaient bien éclairées, au moins d'un côté, et leur décoration en rendait le séjour moins triste qu'on ne pense. Comment supposer du reste que des papes assez riches pour bâtir une pareille demeure aient rien négligé de ce que les arts de leur temps avaient inventé pour rehausser la majesté des rois et des pontifes! Si c'est bien en dehors « la fière et hautaine masse de pierres, » dont parle Nostradamus, quels trésors ne devait pas renfermer cette étonnante forteresse !

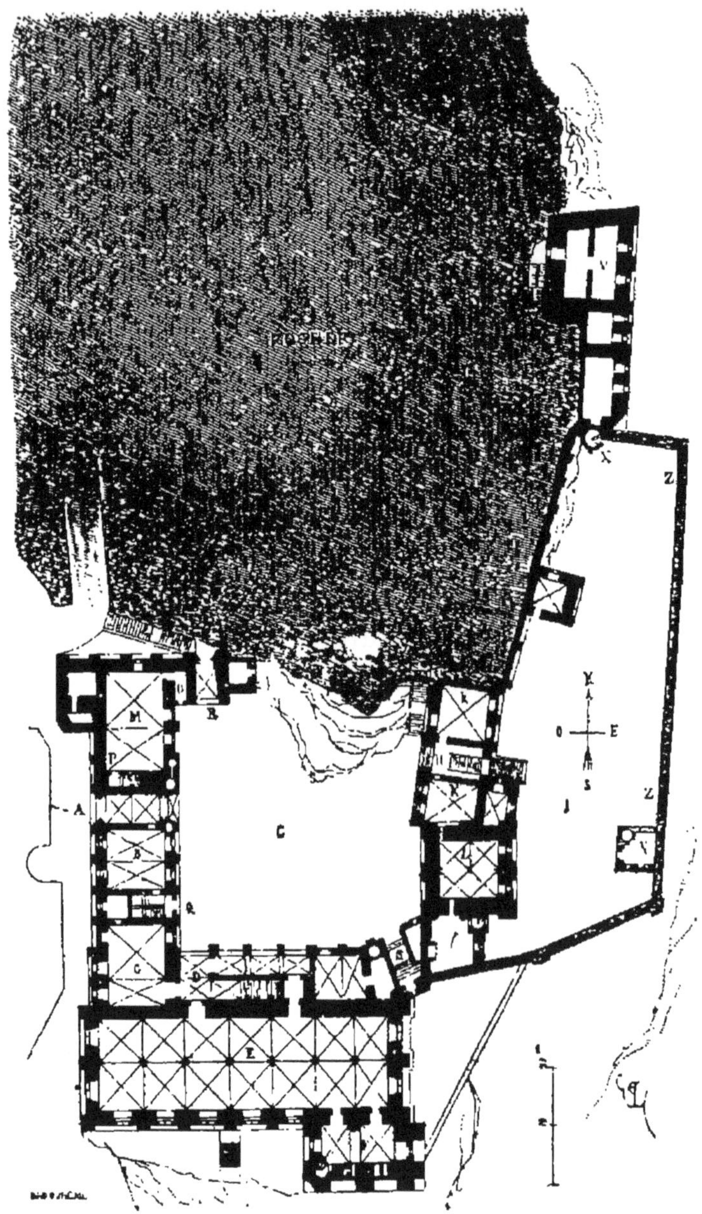

Rez-de-chaussée de la partie méridionale du palais des papes, bâtie par Clément VI.

A. Entrée d'honneur.— B. Corps de garde voûté.— C. Cour d'honneur. — D. Vestibule du grand escalier. — E. Chapelle basse. — F. Tour St.-Laurent. — G. Salle. — H. Passage menant à l'esplanade I. — K. Salle.— L. Tour des Anges; *l*, annexe de la tour. — O. Entrée de la salle M, poste qui communique aux défenses supérieures par l'escalier P. — R S. Poternes. — T. Degré pour arriver au rez-de-chaussée du palais bâti sur le rocher. — V. Tour Trouillas. — X. Escalier donnant accès sur le mur de défense Z.

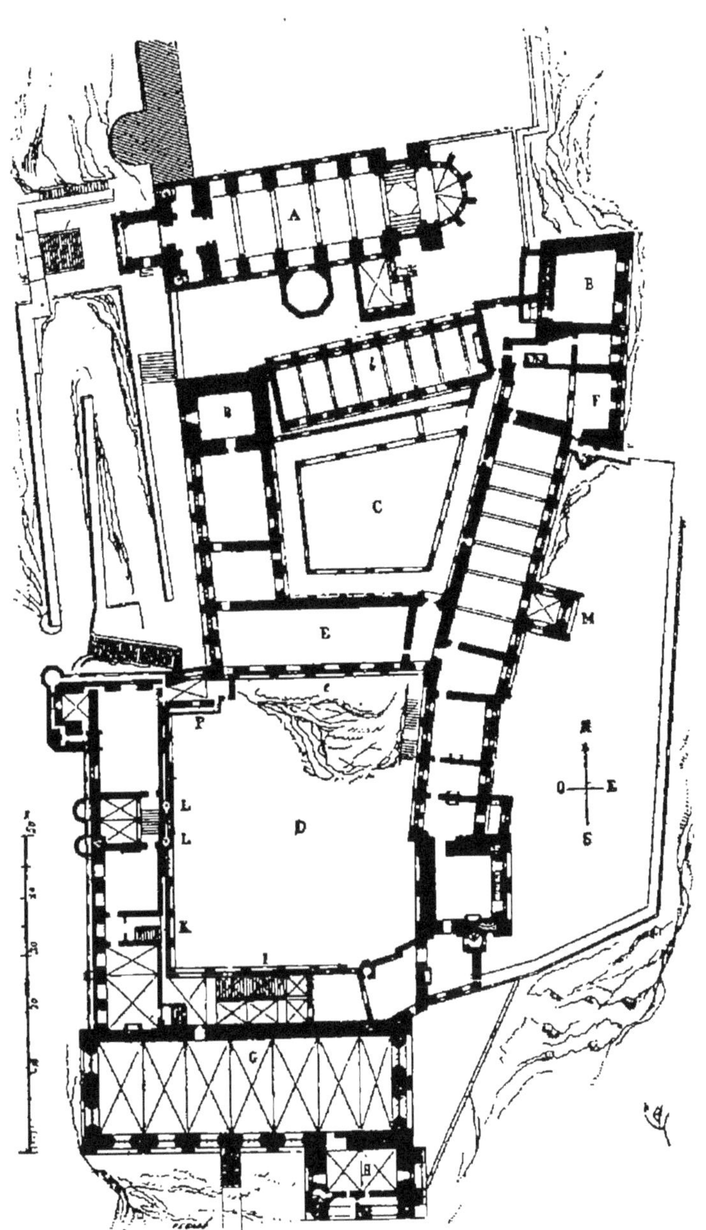

Notre-Dame-des-Doms, avant la construction des chapelles modernes, rez-de-chaussée de la partie septentrionale (bâtie par Benoît XII), et premier étage de la partie méridionale du palais des papes.

A. Notre-Dame. — B B. Tour de la Campane et tour Trouillas. — C. Cour du Cloître. — D. Cour d'honneur. — *b.* Ancienne chapelle (aujourd'hui les Archives). — E. Corps de logis avec mâchicoulis en *e.* — F. Grandes cuisines. — G. Chapelle haute. — H. Tour Saint-Laurent. — I. Escalier d'honneur. — K. Escalier de service. — LL. Escaliers à vis. — M. Tour Saint-Jean.

Dans les couloirs, dans les salles surtout, l'architecture et la sculpture avaient déployé toutes leurs ressources. On peut en juger dès l'entrée, et aussi en traversant la charmante galerie appelée, on ne sait pourquoi, « la galerie du Conclave ». Les chapiteaux étaient fouillés avec la plus grande richesse, et représentaient le plus souvent des scènes de légendes. Les deux chapelles, superposées dans le corps de logis méridional, étaient des merveilles de l'art ogival. Mais on les a partagées en cinq étages, et il est impossible de s'en faire aujourd'hui une juste idée.

L'escalier à double rampe, qui les faisait communiquer l'une à l'autre et donnait accès aux appartements du pape, existe encore; mais, depuis la Révolution, les marches n'en sont plus, comme autrefois, revêtues de marbre, et la plupart des décorations qui permettaient de le comparer à l'escalier royal du Vatican, ont maintenant disparu.

Dans les bâtiments du levant, les derniers construits, on admirait la salle des festins, appelée aujourd'hui la *Salle brûlée*. La chronique veut que l'antipape Benoît XIII, avant de se sauver du palais, ait fait griller là ses convives.

La vérité est moins tragique: ces traces

d'incendie sont les traces d'un incendie purement fortuit[1].

Mais le principal ornement du palais et le plus précieux, ce qu'il faut surtout regretter, ce sont les peintures, les fresques, alors répandues partout à profusion. On n'en trouve plus que quelques traces aujourd'hui, à la voûte de la chapelle basse et dans les deux oratoires superposés de la tour Saint-Jean.

Cette chapelle basse, que l'on appelait aussi la salle du Consistoire, est maintenant divisée en trois étages. On en distingue encore les deux nefs séparées par cinq piliers, sur lesquels retombent les arcs de la voûte, et dont les chapiteaux ont disparu. C'est là qu'on pouvait admirer les plus belles fresques du midi de la France. Elles existaient encore, en grande partie, en 1822, et voici ce que l'on trouve dans un Mémoire de cette époque : « Il existe dans la grande salle où siégeait le tribunal de la Ruota, d'anciennes peintures qui occupent toute la surface du fond de cette

[1] La tradition n'est pas plus heureuse quand elle place du même côté la salle des tortures. C'est une vaste pyramide à huit pans, creuse et terminée par un seul tuyau, au premier étage d'une tour carrée voisine de la tour Trouillas et que l'on appelle aussi la tour de l'*estrapade*. En réalité, cette salle étrange était simplement la cuisine du pape.

salle, et qui s'étendent même sur une partie de la voûte. En outre, il y en a d'autres qui sont situées entre les deux croisées.

« Les premières représentent le jugement dernier. Dieu le Fils y est assis sur son trône, entre la Vierge et Saint Jean-Baptiste, accompagnés de tous les saints et même de tous les papes et archevêques des XIIe et XIIIe siècles. Dans le bas, on distingue toutes les nations à leurs costumes, au milieu desquelles les Ministres de Dieu choisissaient les élus, et repoussaient, d'un autre côté, les réprouvés dans les flammes de l'enfer. Les dernières, situées entre les deux croisées, représentaient le Calvaire. Elles étaient mieux conservées que les premières, malgré que celles-ci n'eussent éprouvé que de légères dégradations avant qu'on eût commencé les ouvrages, n'y ayant alors qu'un seul endroit où l'enduit d'environ deux lignes d'épaisseur eût été détaché. Malheureusement, pour former l'encastrement qui doit recevoir la naissance des voûtes en briques des nouveaux étages, non seulement on a coupé les peintures, mais l'ébranlement qu'on a occasionné aux murs, a aussi détaché plusieurs parties de l'enduit sur lequel ces peintures ont été faites. En outre, des ouvriers et des amateurs, profitant de la circonstance et croyant peut-être qu'on allait tout détruire, ont adroitement enlevé les têtes de plusieurs personnages, ce dont on ne peut douter par la manière dont on voit que cet enlèvement a dû être opéré.[1] »

Il ne reste plus que les fresques des Prophètes, qui couvrent une partie de la voûte et qui, elles-mêmes, sont passablement endommagées. Les Prophètes représentés sont, de gauche à droite :

Anna, mère de Samuel.
Habacuc, Malachiel.
Abdias, Michée, Nahum.
Ézéchiel, Jérémie, Isaïe, Moïse.
Énoch, Job, Salomon, David.
Daniel, Osée, Amos.
Sophonie, Jahel.
Sibylle.

Ces débris permettent, du moins, d'imaginer avec quelle richesse était décorée cette chapelle. L'artiste a revêtu quelques-uns de ces personnages de ces étoffes tissées d'or et de soie, que l'on faisait venir de l'Orient : les couleurs sont harmonieusement mélangées ; les physionomies sont bien vivantes ; l'exécution de l'ensemble, sur un fond bleu semé

[1] J'emprunte cette citation et quelques autres détails à une remarquable Notice, intitulée : *Une visite au palais des Papes d'Avignon. Guide de l'étranger dans ce monument, orné d'un plan inédit.* Paris, Champion éditeur.

d'étoiles, est remarquable. A qui faut-il attribuer ces peintures ? On a cru longtemps qu'elles étaient de Giotto, mais il était mort en 1336, bien avant que cette partie du palais fût édifiée. Elles sont peut-être de Simeone Memmi, et sûrement de quelque peintre des écoles de Florence, de Pise, de Sienne ou de Pérouse : car il est facile de juger qu'elles n'étaient pas inférieures, pour la naïveté, la grâce et l'expression aux plus beaux ouvrages de l'art italien à cette époque.

On sait, depuis les découvertes de M. Muntz dans les archives du Vatican, le nom du peintre qui a décoré de ses fresques les murs et la voûte de l'oratoire supérieur, dans la tour Saint-Jean : c'est un peintre de Viterbe, Matteo Giovanetti. Il a représenté sur les quatre murs et dans les huit compartiments formés par les arceaux de la voûte, les principaux épisodes de la vie de saint Martial. Clément VI et la plupart de ses cardinaux avaient, pour ce saint de leur pays, du Limousin, une vénération particulière. Ces peintures, plus ou moins altérées par le temps et la négligence des hommes, découpées, en maint endroit, comme des enluminures de manuscrits, par des amateurs peu scrupuleux, ont échappé du moins au badigeon réglementaire.

Celles de l'oratoire inférieur sont mieux conservées, mais ont, peut-être, moins de valeur artistique. La voûte, comme au-dessus, se divise en huit compartiments : chacun est consacré à l'un des personnages qui ont été en relations avec saint Jean-Baptiste, et l'histoire de ce saint a fourni les principaux motifs de la décoration des murailles.

Les grisailles, que l'on voit encore à la voûte de l'ancienne salle des Gardes, sont du commencement du XVIIe siècle; elles sont curieuses, mais n'ont rien de bien remarquable.

En résumé, la masse du palais des papes, voilà ce que l'on peut surtout apprécier aujourd'hui. Il faut monter, pour l'embrasser dans son ensemble, au sommet de la tour Trouillas. Mais il faut aussi passer par la petite rue Pérollerie, par cette tranchée ouverte dans le roc, sous le contre-fort géant qui étaie les bâtiments du midi : c'est là surtout que l'énormité de cette forteresse, expression concrète de la papauté au moyen âge, se fait sentir de la façon la plus saisissante.

On a songé, on songe peut-être encore à rendre à l'intérieur du palais sa distribution primitive. On y installerait la bibliothèque et les musées. Déjà le palais de Benoît XII, au nord, a été restauré en grande partie. La chapelle qu'il avait construite sur l'emplacement de l'église St-Etienne, parallèlement à Notre-Dame-des-Doms, et dans laquelle il avait suspendu les trophées enlevés sur les Maures par le roi de Castille à la bataille de Tariffa, s'était écroulée à la suite d'un incendie. On en avait fait le préau de la prison des femmes, avant la construction des vastes prisons qui s'élèvent maintenant au pied du rocher, près de l'église des Pénitents noirs. M. H. Révoil vient d'en refaire la voûte et le crénelage, de la remettre enfin en son premier état, et c'est maintenant le Dépôt des Archives départementales[1]. Est-ce un acheminement à une restauration complète ?

QUELQUES ÉPISODES DU XIVe SIÈCLE.

Dans ce palais, pendant près d'un siècle, se sont décidées toutes les affaires de la chrétienté et bon nombre de questions purement politiques.

[1] Ces archives sont encore très riches; mais les archives pontificales proprement dites ont suivi les papes et sont aujourd'hui au Vatican, avec celles de la vice-légation expédiées à Rome vers 1770. (V. *Une visite au palais des Papes d'Avignon*, citée plus haut.)

Ces papes, pour la plupart dignes successeurs de Grégoire VII, prétendent encore à la domination universelle. Jean XXII combat avec acharnement l'empereur d'Allemagne, Louis de Bavière. Il ne peut lui enlever le pouvoir ni même l'empêcher de se faire couronner, à Rome, par un antipape, Nicolas V ; mais il s'empare de ce rival, le fait conduire à Avignon, lui impose une amende honorable la corde au cou, lui pardonne publiquement et le jette en prison jusqu'à sa mort.

Benoît XII poursuit contre l'empereur la même querelle. Il reçoit à Avignon les hommages de Philippe VI de Valois, mais reste sourd à toute demande de subsides : prévoyait-il que la lutte, près d'éclater entre la France et l'Angleterre, ne nuirait pas au saint-siège ? Louis de Bavière est encore une fois excommunié par Clément VI, et meurt, laissant enfin le champ libre à son compétiteur, à un prince tout dévoué à la papauté, l'auteur de la *Bulle d'or*, Charles IV d'Autriche. L'argent de France n'a pas seul contribué à la construction du palais.

Jeanne de Naples, reine des Deux-Siciles et comtesse de Provence, a fait assassiner son mari, André de Hongrie. Elle a vingt ans ; elle aime Louis de Tarente, son complice, veut l'épouser et vient demander les dispenses nécessaires. Huit cardinaux vont à sa rencontre, la reçoivent sous un dais de drap d'or et l'escortent à travers les rues de la ville qui lui appartient. Clément VI lui accorde toutes dispenses, et, en retour, se fait céder Avignon. On parle bien d'un prix de quatre-vingt mille florins, et l'on voit sur l'un des vitraux de Notre-Dame-des-Doms l'image de ce marché; mais le pape tient à la main la bourse encore pleine : l'argent ne fut jamais donné.

Louis de Hongrie cependant, pour venger le meurtre de son frère, se jette sur le royaume de Naples, s'en empare, et demande que la reine soit mise en jugement. Le saint-père, forcé cette fois d'entendre l'accusation, fait comparaître Jeanne à son tribunal; elle se défend elle-même, prononce tout un discours en latin, et, par ses arguments, par sa beauté, persuade si bien ses juges qu'ils la déclarent innocente. Louis se contente de trois cent mille ducats pour les frais de son expédition et rend ses conquêtes.

Les Romains, toujours sujets des papes, leur envoient à plusieurs reprises des ambassades pour leur demander leur retour; Pétrarque, déjà célèbre, et Rienzi sont à la tête de l'une d'elles. Clément VI les reçoit bien, réduit de cent ans à cinquante l'intervalle du grand jubilé qui attire tant de pèlerins au tombeau des saints apôtres et tant d'argent à Rome, mais refuse de quitter Avignon.

Nourris aux lettres latines, imbus de l'idée que Rome est et doit rester la capitale du monde, Rienzi et Pétrarque, peu satisfaits du succès de leur mission, méditent de soustraire la ville éternelle à la domination trop lointaine d'un pape étranger. Rienzi, bientôt après, soulève les Romains, et ce fils de cabaretier, nommé tribun, réussit en effet à rétablir l'*ancien et bon État*, la république; mais il s'enivre de sa fortune, se fait détester pour son orgueil, et, attaqué par les nobles qu'il a humiliés, abandonné du peuple, vaincu sans combat, il s'enfuit à Prague. Charles IV s'empressa de le livrer au pape. Ce fut une belle entrée que celle de ce tribun, entouré d'archers, insolent jusque dans sa défaite. La mort de Clément VI, et peut-être l'intervention de Pétrarque, le sauva du dernier supplice. Mais on montre encore, dans la tour Trouillas, le cachot à la voûte duquel était scellée, dit-on, la chaîne où il fut retenu plus de cinq années.

Au bout de ce temps, Innocent VI, se rappelant que s'il avait attaqué le pouvoir temporel des papes, il n'avait pas contesté leur autorité spirituelle, imaginera de l'envoyer à Rome, sous la surveillance du cardinal Albornoz, et de l'opposer, avec le titre de sénateur des Romains, à d'autres rebelles. Rienzi abusera encore du pouvoir et sera tué, dans une émeute, par un serviteur des Colonna.

Vers la fin de 1350, le roi de France, Jean le Bon, mécontent des irrésolutions d'Humbert, dauphin du Viennois, qui lui a cédé ses droits sur le Dauphiné et veut les reprendre, vient demander au pape son intervention. Clément VI s'intéresse à sa cause; il fait sentir au Dauphin toute la vanité des choses humaines, le décide à entrer dans les ordres, le nomme évêque d'abord, bientôt après patriarche d'Alexandrie, et le Dauphiné est irrévocablement uni à la France. Jean le Bon donne un brillant tournoi dans une des îles qui formeront plus tard la Barthelasse; les fêtes se succèdent pendant plusieurs jours sans interruption.

Ces visites princières, les ambassades venues des pays les plus lointains, ces pompes sévères ou brillantes, attiraient un grand concours d'étrangers, et Avignon, vers 1345, comptait déjà 80,000 habitants. Les cardinaux, Français pour la plupart, s'étaient fait construire, à l'exemple des papes, de solides demeures, que l'on reconnaît encore aux tourelles crénelées qui les surmontent. Une véritable invasion de religieux de tous les ordres avait suivi, et de toutes parts s'élevaient de nouveaux couvents, de nouvelles églises aux flèches élancées. En 1321, Jean XXII avait rebâti et mis en l'état où nous la voyons aujourd'hui celle de Saint-Agricol. Innocent VI, en 1355, permit aux héritiers du cardinal Bertrand de Dencio de reconstruire celle de Saint-Didier, et trois ans plus tard, le cardinal du Prat, qui habitait près de Saint-Pierre, fit démolir sa maison et élever à ses frais une nouvelle église sur l'emplacement de l'ancienne ainsi agrandi. Avec ses trois cents cloches, Avignon était vraiment devenue *l'Isle sonnante* dont parle Rabelais, et dont il reste bien quelque chose.

Mais il ne faudrait pas croire que ce fût toujours fête, même pour les Avignonais de cet heureux temps. Les inondations du Rhône et de la Durance [1], les famines, les pestes désolèrent la ville à plusieurs reprises. La peste noire surtout, qui sévissait, il est vrai, dans la plus grande partie de l'Europe, fit à Avignon de terribles ravages pendant l'année 1348. Il

[1] Un débordement de la Durance, en 1358, bouleversa tout le territoire d'Avignon, le couvrit de graviers et renversa une partie des remparts, du côté de la porte Saint-Lazare.

mourut 1,400 personnes dans les trois jours qui précédèrent le premier dimanche de carême, et quelques historiens parlent de cent mille victimes !

LAURE ET PÉTRARQUE.

Ce fléau emporta la plus aimable femme de ce siècle, la plus célèbre pour sa beauté, la plus aimée dans les plus beaux vers. Laure, fille d'Audibert de Noves, avait épousé depuis deux ans Hugues de Sade, lorsque Pétrarque, pour la première fois, la vit dans l'église des religieuses de Sainte-Claire, le lundi de la semaine sainte (1327), à six heures du matin. Pendant vingt ans, elle fut aimée sans espoir et chantée dans d'innombrables sonnets. « Ses traits étaient fins et réguliers, ses yeux brillants, son regard tendre, sa physionomie douce, son maintien modeste, sa démarche noble, sa voix touchante ; sa taille était svelte, ses sourcils noirs, ses cheveux blonds : elle était d'une blancheur éblouissante : son teint était animé des plus vives couleurs ; enfin, elle avait la grâce, plus séduisante que la beauté... — Sensible à l'amour, sensible à la gloire, elle aima Pétrarque ; elle fut flattée d'être le sujet des chants de ce poète amoureux, qui avait rendu le nom de sa maîtresse célèbre dans toute l'Italie. Mais plus son cœur était tendre, plus sa vertu fut sévère [1]. »

Laure de Sade fut ensevelie au couvent des Cordeliers. François Ier, passant à Avignon, voulut voir non seulement son tombeau, mais encore, par un bizarre caprice, ses ossements. Dans une boîte en plomb on trouva un sonnet et un quatrain de Pétrarque, dit-on, auxquels le roi fit ajouter ces vers :

En petit lieu comprins vous pouvez voir
Ce qui comprend beaucoup par renommée;
Plume, labeur, la langue et le sçavoir
Furent vaincus par l'aymant de l'aymée.

O gentille âme, estant tant estimée,
Qui te pourra loüer qu'en se taisant?
Car la parole est toujours réprimée
Quand le sujet surmonte le disant.

On chercherait vainement cette tombe aujourd'hui; la Révolution l'a fait disparaître comme tant d'autres. Un Anglais, sir Charles Kelsall, eut la fantaisie d'élever, en 1823, dans le jardin des Cordeliers, un cippe funéraire qui a été transporté depuis dans le jardin du musée Calvet : monument mesquin et bien

[1] *Vie de Pétrarque*, publiée par l'*Athénée* de Vaucluse, 1804.

inutile ! Le souvenir de cet épisode amoureux, qui jette tant de charme et de poésie sur l'histoire d'Avignon au XIVe siècle, n'est-il pas impérissable, et les sonnets de Pétrarque ne feront-ils pas vivre jusqu'aux générations les plus reculées la mémoire de cette Béatrix de l'émule de Dante ?

Pétrarque lui-même a raconté la plus grande partie de sa vie dans son *Épître à la postérité.* Il n'avait pas encore un an lorsque ses parents quittèrent Arezzo pour habiter successivement Ancise, Florence et Pise. Il fut amené en France dans sa neuvième année. « Nous habitâmes une ville que l'on appelle Avignon, dit-il, où le pontife de Rome tient l'Église de Jésus-Christ dans un honteux exil... Ainsi conduit sur les bords d'un fleuve exposé au vent le plus impétueux, c'est là que je passai mon enfance auprès de mes parents, et ensuite ma jeunesse, livré aux folles erreurs de cet âge... » Envoyé à Montpellier pour apprendre le droit, il ne tarde pas à abandonner cette étude si contraire à son génie, entre dans les ordres et bientôt est pourvu d'un canonicat.

Après un voyage à Paris et à Rome, de retour dans une ville dont il ne peut supporter le séjour depuis qu'il a visité « le vrai domicile » de la papauté, Pétrarque cherche une retraite et découvre « un vallon très étroit, mais solitaire et charmant, que l'on appelle Vaucluse, au fond duquel naît la Sorgues, la première des fontaines. Épris des charmes de ce lieu, dit-il, je m'y retirai avec mes livres. Mon récit serait long si j'énumérais tout ce que j'ai fait dans cette solitude, où j'ai demeuré un assez grand nombre d'années. J'en donnerai une idée générale en disant que de tous les ouvrages qui sont sortis de ma plume, il n'en est aucun qui n'y ait été composé en entier, commencé ou conçu, et ces derniers sont en si grand nombre, qu'à l'âge même où je suis parvenu ils m'occupent et me fatiguent encore... Je n'avais pas quitté ces lieux, lorsque le même jour, par un hasard surprenant, je reçus deux lettres qui m'étaient adressées, l'une par le sénat de Rome et l'autre par le chancelier de la ville de Paris, et par lesquelles ils m'appelaient à l'envi, l'un à Rome, l'autre à Paris, pour recevoir le laurier poétique... » C'était la récompense de son poème épique, en latin, sur les guerres puniques, *Africa*. Il se décida pour Rome, et, le jour de Pâques (le 8 avril 1341), il reçut en grande pompe la couronne lauréale au Capitole.

Chose curieuse, dans cette *Épître à la postérité*, Pétrarque ne parle même pas de

Laure, et c'est de Laure surtout que la postérité se souvient. Qui s'inquiète aujourd'hui de *l'Africa*? La gloire du poète est vraiment une gloire avignonaise, car il la doit, pour la plus grande part, à celle qui inspira pendant vingt ans son génie !

Ce n'est pas à lui toutefois qu'il faut demander une peinture flatteuse d'Avignon au XIVe siècle. Il s'est montré plus que sévère, dans ses lettres, pour la cour pontificale, pour les papes qui s'obstinaient à rester en France. La faveur de Clément VI, l'accueil qu'il recevait au palais et dans les maisons des cardinaux, les honneurs dont il fut comblé, ne changèrent pas son humeur, et la ville, où demeurait cependant l'héroïne de ses sonnets, lui parut toujours la plus désagréable à habiter et la plus corrompue de son siècle. Il alla mourir à Venise.

Avignon n'en a pas moins marqué par de grandes fêtes, du 18 au 21 juillet 1874, le cinquième centenaire de Pétrarque ; c'étaient aussi bien les fêtes de Laure : de nouveaux vers, de nouveaux sonnets, en français et en provençal, ont encore célébré la charmante fille d'Audibert de Noves, telle qu'elle nous apparaît aujourd'hui sous cette poétique auréole.

Et cependant, si l'on relit cette *Épître à la postérité*, si l'on songe que Laure, morte avant sa quarantième année, laissait onze enfants à son mari, on en vient à douter, et l'on se demande si l'on ne s'est pas mépris, si l'auteur des *Canzoni* et des *Sonetti*, jaloux de la gloire littéraire seulement, a jamais vraiment aimé, jamais chanté autre chose que le laurier poétique, *poetica laurea,* personnifié.

LES REMPARTS.

Princes, rois et poètes n'étaient pas les seuls qu'attirât le séjour des papes. Les Avignonais étaient encore exposés à d'autres visites beaucoup moins agréables, celles des *grandes compagnies*, de ces bandes de pillards que laissaient sans ouvrage les entr'actes de la guerre dite de cent ans. Innocent VI, au moment où son autorité est le plus compromise en Italie, se voit menacé en France même par la plus redoutable de ces bandes, la *compagnie blanche.* Il s'en débarrasse en leur donnant l'absolution et soixante mille florins. Un peu plus tard, comme on pouvait s'y attendre, il revint d'autres pillards de la même espèce. Trente mille « croisés, pèlerins de Dieu, » que du Guesclin s'était chargé de conduire en Espagne pour en purger la France, voulurent encore passer par Avignon, se faire

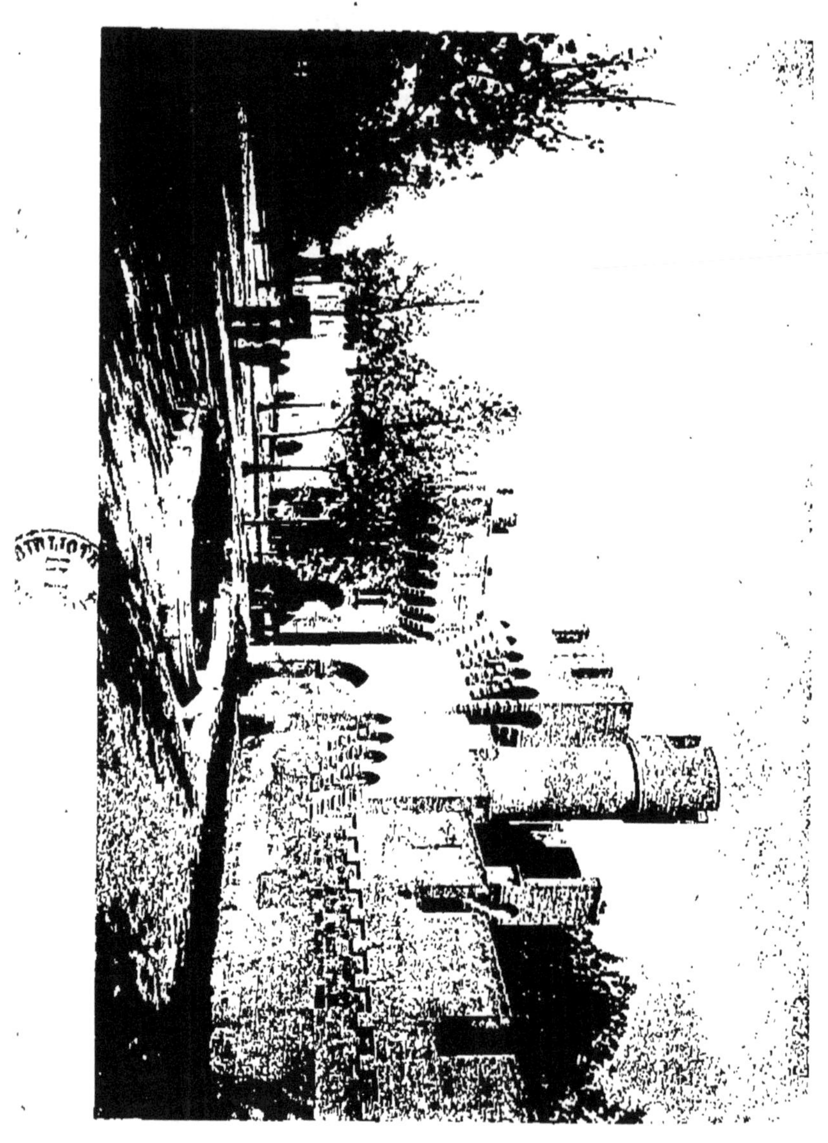

absoudre de leurs péchés et obtenir du saint-père (c'était alors Urbain V) quelque secours pour leur pieuse expédition : ils demandaient cette fois deux cent mille florins. Le pape s'avisa de prélever cette somme sur les bourgeois et le peuple. Il faut voir, dans la chronique, la colère de du Guesclin quand il apprit cet expédient :

« Ha Dieux ! se dit Bertran, or voi-je chrestienté
Plaine de convoitise et de desloiaulté ;
Avarice et orgueil et toute vanité
Demeure en sainte Eglise et toute cruaulté ;
Cil qui doivent garder sainte chrestienté
Et donner de leurs biens pour Dieu de majesté,
Ce sont ceulx qui le tiennent enclos et enfermé
Et prennent tout partout et ont tout demandé,
Et n'ont néant vaillant de lor propre hérité.
Par la foi que je doi la sainte Trinité !...
Mais jà n'en prenderai un denier monnoié
De ce que poure gent y aront ordené,
Si le pape du sien ne me l'a délivré ! » [1]

Ainsi fut dit, ainsi fut fait. Urbain V en fut quitte pour cent mille florins de son trésor particulier, sans compter l'absolution en bonne forme. Il est probable que les impôts furent augmentés bientôt après.

C'est surtout à ces sortes d'invasions que la

[1] *Chronique de Bertrand du Guesclin*, par CUVELIER, trouvère du XIVe siècle. V. 7673 et suiv. *Documents inédits*.

cité dut ses remparts. Les papes avaient d'abord pensé qu'il leur suffirait de pourvoir à leur propre sûreté, et, jusqu'à la mort de Clément VI, Avignon était restée ville ouverte. Innocent VI commença l'enceinte, qui fut achevée sous Urbain V, après le passage de du Guesclin. On construisit successivement la partie des murs qui va de la porte Saint-Lazare au couvent des Frères prêcheurs (la porte Saint-Dominique d'aujourd'hui), et celle qui relie, au nord, la porte Saint-Lazare et le Rocher, au couchant, le couvent des Frères prêcheurs et la porte du Rhône. Entre cette porte et le Rocher, Clément VI, pour assurer la défense du palais, avait déjà fait bâtir un mur et le fort châtelet que l'on voit à l'entrée du pont Saint-Bénézet. Philippe le Bel, en effet, avait eu, dès l'année 1307, la prévoyance d'élever la superbe tour qui commandait l'autre extrémité du même pont, en même temps qu'il fondait l'abbaye fortifiée de Saint-André, dont on voit encore la porte flanquée de deux tours admirables sur le coteau de Villeneuve; il fallait répondre à cette politesse royale, et la cour d'Avignon, dès qu'elle l'avait pu, n'avait eu garde d'y manquer.

Les remparts d'Avignon subsistent encore dans toute leur étendue, sur un développement de quatre mille huit cents mètres. Ils donnent à la ville une physionomie toute spéciale et des plus pittoresques : « Les mâchicoulis, dit Stendhal, sont supportés par un rang de petites consoles d'un profil ravissant ; les créneaux sont d'une régularité parfaite... Le temps a donné à des pierres si égales, si bien jointes, d'un si beau poli, une teinte de feuille sèche, qui en augmente encore la beauté. C'est l'art de l'Italie avec ses charmes transporté tout à coup au milieu des Gaules.[1] »

Ils semblent aujourd'hui un peu bas et de médiocre défense ; mais il faut songer qu'ils étaient protégés, sur toute leur longueur, par un fossé de deux mètres environ, sur une profondeur moyenne de quatre mètres au-dessous de la crête de la contrescarpe, dallé lui-même de larges pierres de taille, et alimenté par les cours d'eau naturels qui cernent la ville de tous côtés. Des tours carrées s'élèvent de distance en distance, au nord, à l'est et au sud. Au couchant, dans la partie du rempart la plus récente et la mieux conservée, on voit aussi quelques tours rondes.

Au XIVe siècle, il y avait sept portes[2] aux

1 *Mémoires d'un touriste.*

2 Le nombre *sept* était en grand honneur à Avignon. Voir la légende du plan de la ville au XVIe siècle.

remparts d'Avignon. La porte de l'Oulle, près de laquelle se tenait le marché des *oulles* ou marmites fabriquées à Villeneuve ; la porte de Saint-Roch ou de Champfleury, qui conduisait au cimetière des pestiférés et ne s'ouvrait qu'en temps de peste ; la porte Saint-Michel, près de laquelle on voit encore les armes d'Innocent VI, les portes l'Imbert, Saint-Lazare, de la Ligne et du Rhône. On a percé depuis deux portes nouvelles, la porte Saint-Dominique et la porte Pétrarque, sans compter le passage de l'escalier nord du Rocher.

Ces portes ont perdu leurs défenses extérieures ; plusieurs même, rebâties aux siècles derniers, leur ancien caractère. Un passage de la commission des archives des monuments historiques, tout hérissé de termes techniques, permettra de juger de leur force dans leur état primitif. Il s'agit de la porte Saint-Lazare ; mais il en était de même pour toutes les autres : « Les arrivants se présentaient par une voie ouverte sur le flanc du châtelet bâti en avant de cette porte ; ils devaient franchir un premier pont-levis, traverser l'esplanade du châtelet diagonalement, se faire ouvrir une barrière, passer sur un second pont-levis, entrer dans un ouvrage avancé fermé par ce pont-levis et défendu par deux échauguettes

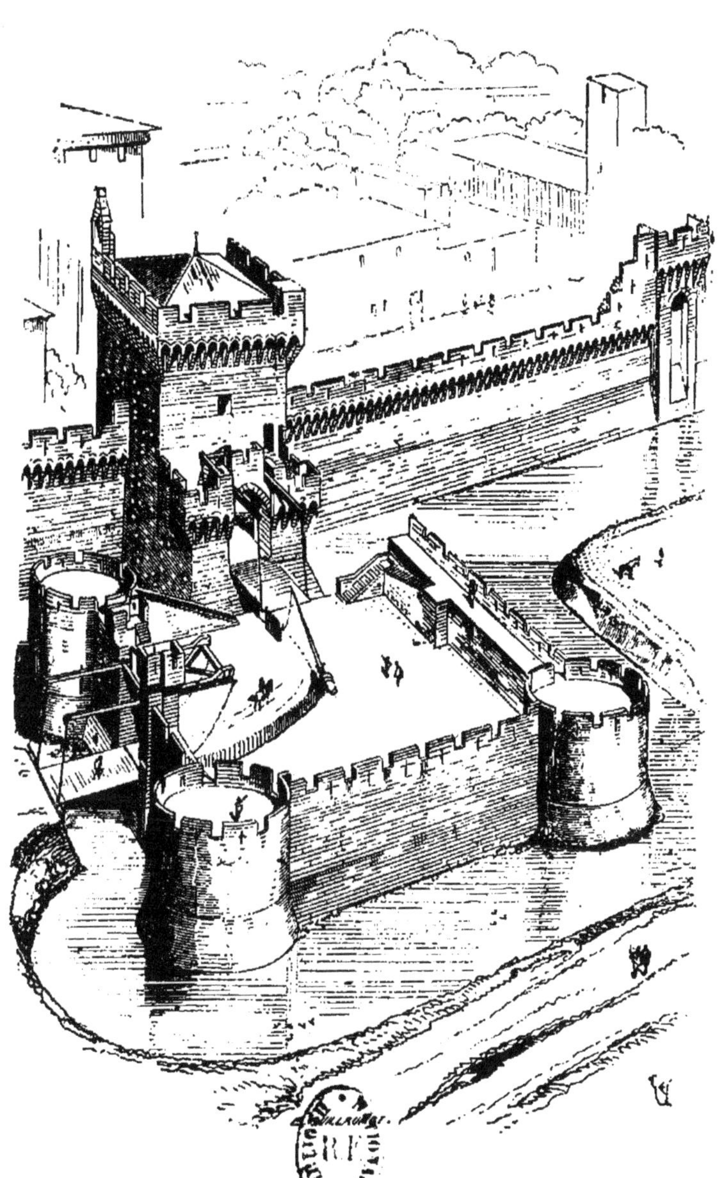

La porte Saint-Lazare au XIVe siècle.

avec mâchicoulis, se présenter enfin devant la porte, protégée par une ligne de mâchicoulis supérieurs, par une herse et par un second mâchicoulis percé devant les vantaux. » Le châtelet lui-même était, comme tout le mur d'enceinte, complètement entouré d'un fossé plein d'eau.

Les remparts d'Avignon n'ont pas traversé la révolution sans être plusieurs fois menacés. La garde nationale de Montpellier, envoyée en 1791 pour rétablir l'ordre dans la ville, voulut les démolir, et, deux ans plus tard, le conseil de la commune agita la question de les exploiter comme une carrière et d'en vendre les matériaux au profit de la caisse municipale. Mais il est plus facile de mutiler quelques statues que de renverser de solides murailles. Tout se réduisit à des paroles, et nos murs ont heureusement échappé à ce double danger. On les a restaurés en plusieurs endroits, sous l'habile direction de M. Viollet-le-Duc. Ils servent mieux, en restant debout, à enrichir la commune que n'aurait pu le faire la vente de leurs débris ; car ils forment une excellente ligne d'octroi et défendent maintenant la ville contre le seul péril qui la menace, trop souvent encore, il est vrai, contre les inondations. Grâce au contre-fort intérieur qui les soutient tout alentour, on ne verra plus, comme en 1856, le Rhône y faire une brèche et se précipiter dans les rues, renversant tout sur son passage. Les portes alors solidement fermées par une combinaison ingénieuse de planches et de terre serrée, les jours des égouts bouchés, les Avignonais, en attendant la fin du blocus, peuvent tranquillement et sans trop d'impatience, du haut de leurs murs, regarder passer les flots débordés.

LE GRAND SCHISME D'OCCIDENT.

Lorsque Grégoire XI profita des embarras de Charles V, tout entier à la réorganisation de son royaume, pour céder aux instances de sainte Catherine de Sienne (1377) et ramener la papauté à Rome, on pouvait croire que jamais les papes ne reviendraient à Avignon. Vrai ou faux, il en revint un l'année suivante.

A la mort de Grégoire XI, les seize cardinaux qui l'avaient suivi se réunirent en conclave. Au dehors, le peuple criait qu'on choisît un pape romain: « *Romano lo volemo !* » On lui donna du moins un Italien, l'archevêque de Bari, qui prit le nom d'Urbain VI. Ceux qui l'avaient nommé eurent bientôt à se plaindre de sa hauteur ; ils s'avisèrent alors de la pression qu'ils avaient subie, se réunirent une seconde fois à Fondi, sous la protection de la reine Jeanne, et firent choix d'un nouveau pape, Clément VII, qui vint s'établir à Avignon. De ces deux papes, quel était le véritable? Il serait difficile de le dire. Charles V reconnut naturellement celui d'Avignon, et, à son exemple, les rois de Castille, de Navarre et d'Ecosse. Le roi d'Angleterre se prononça, naturellement aussi, pour celui de Rome. Quant à la reine Jeanne, qui avait gardé bon souvenir des papes d'Avignon et favorisé le schisme, Urbain VI anime contre elle Charles de Durazzo, qu'elle avait désigné pour son héritier, et ce prince fait mettre en prison et bientôt après étouffer sous un lit de plumes sa mère adoptive.

Cependant les deux papes créaient à l'envi des cardinaux et luttaient à qui réunirait le plus de partisans. A la mort d'Urbain VI, les cardinaux qu'il a nommés s'empressent de lui donner un successeur. Clément VII excommunie Boniface IX, son nouveau rival, qui lui riposte par les mêmes armes.

Quand le pape d'Avignon mourut à son tour, ses cardinaux s'étant assemblés, s'engagèrent à faire de bonne foi tous leurs efforts pour éteindre le schisme : celui qui serait élu devait se démettre du pontificat, si cette démission était nécessaire au bien de l'Église. Après avoir pris ces sages précautions, ils élurent à l'unanimité l'un d'entre eux, d'une illustre famille d'Aragon, Pierre de Luna, qui adopta le nom de Benoît XIII et le garda pendant trente ans !

Charles VI n'était pas de taille à profiter de ces différends. Il laissait le gouvernement des affaires religieuses à l'Université de Paris, composée d'hommes plus pieux que politiques. Cette université se prononça contre le nouveau pape, mais rien ne put le faire renoncer à la tiare : les prières des princes et de l'Église, le retrait d'obédience que décidèrent trois conciles gallicans, le siège d'Avignon, ou plutôt du palais, que vint faire le maréchal de Boucicaut, l'abandon de ses cardinaux eux-mêmes, la déposition et l'excommunication lancées contre lui aux conciles de Pise et de Constance, tout échoua devant l'obstination de ce fier Espagnol, et avant de mourir, à Peniscola (1424), où le roi d'Aragon lui avait donné asile, il fera jurer aux deux cardinaux qui lui étaient restés seuls fidèles de se réunir en conclave et de lui choisir entre eux un successeur.

Avant Benoît XIII, le palais des papes n'avait eu aucune attaque à soutenir ; il en avait imposé par sa seule majesté et personne n'en avait encore éprouvé la puissance. Il serait en vérité regrettable qu'un pareil château n'eût pas dans son passé le moindre siège à raconter. Mais il n'en est pas ainsi ; le palais des papes a vu le feu.

Ce siège dura même plus longtemps (de 1399 à 1411) que le fameux siège de Troie.

Benoît XIII avait fait venir une garnison d'Aragonais et de Catalans ; ces étrangers n'avaient pas tardé à mécontenter les habitants par leur insolence, et lorsque le maréchal de Boucicaut arriva devant la ville, Avignon ouvrit ses portes. Elle reçut avec le même empressement le cardinal-évêque d'Ostie, qui amenait des troupes du Languedoc, et le siège du palais commença. Mais les canons du pape, meilleurs et bien mieux placés que ceux du maréchal, causaient de grands dommages aux maisons voisines, tandis que les boulets de pierre dont on se servait encore à cette époque, venaient se briser sur les murs impénétrables du château papal. On ne pouvait songer à donner l'assaut ; il fallut changer le siège en blocus.

Bientôt les vivres manquèrent ; la garnison n'avait pas de bois ; les maladies la décimaient. Quand il ne lui resta plus que quelques oignons, Benoît recourut à la ruse. Il demanda une suspension d'hostilités ; il s'engagea à faire partir ses soldats, à ne garder que cent hommes, et à renoncer lui-même au pontificat, si toutefois l'autre pape, pour le bien de l'Église, en faisait autant. Mais le palais ne fut pas plutôt ravitaillé à ces conditions, que Catalans et Aragonais revinrent secrètement, et ce fut à recommencer.

Les troupes papales, commandées par le frère même de Benoît XIII, Rodrigue de Luna, une façon de César Borgia, tirent sur la ville à toute volée. La tour de Notre-Dame est en partie abattue, le pont occupé d'abord, coupé ensuite, pour intercepter toute communication avec la France. La forteresse n'en est pas moins serrée de près et la position du pape est de nouveau critique, lorsqu'il parvient, on n'a jamais su comment, peut-être par les égouts, à s'évader du palais.

En recouvrant sa liberté, il avait recouvré son prestige : Louis II, comte de Provence, vient lui rendre hommage à Château-Renard, où il s'était retiré à l'abri de la Durance ; les cardinaux, qui l'avaient abandonné, le rejoignent et lui forment une cour aussi brillante que jamais ; la France même rentre un moment sous son obédience, et les Avignonais, qui lui envoient une députation, obtiennent leur pardon, à la condition de réparer les dommages faits aux défenses extérieures du palais et de subir une garnison catalane.

Il serait trop long d'énumérer toutes les démarches entreprises alors pour mettre un terme au schisme et rétablir l'unité de l'Église. Le maréchal de Boucicaut, rentré dans son gouvernement de Gênes, s'y employa fort activement, mais n'y réussit pas mieux qu'à prendre le château d'Avignon. Il fut convenu cependant que les deux papes auraient une entrevue et se démettraient ensemble pour laisser la place à un seul pontife. Ils n'épargnèrent certes pas les bonnes paroles, mais il aurait mieux valu de bonnes intentions : ils ne réussirent même pas à s'entendre sur le lieu de la conférence.

« Pour conclusion de ceste chose, tant feurent timonnez du mareschal et des autres bons que excuser bonnement ne se peurent que ils n'allassent es dicts lieux ordonnez. Mais leur venuë peu profita : car, à le faire bref, la conclusion feut telle que la difficulté du lieu trouver où s'assembler debvoient feut si grande, que ils n'en peurent estre d'accord. Et quand l'un vouloit une chose, l'autre le contredisoit et eslisoit une autre voye, laquelle semblablement l'autre desnioit. Si s'entendoient bien les faulx damnez : car il n'est pas doubte que entre eulx avoyent faict ceste faulse conspiration pour abuser le monde par telles fallaces, et ainsi feirent semblant de non pouvoir accorder. Et dire les causes de leurs frivoles excuses seroit long procès sans nécessité. Mais à dire en bref vrayement, tout ainsi que un diable est plus malicieux que l'autre, et s'entredéçoivent nonobstant qu'ils soyent compaignons, nostre pape de la Lune sceut tenir telle voye et manière, que de ce désaccord bailla tout le tort à celuy de Rome au dire de tous, tant d'un costé que d'autre.[1] »

En effet, les cardinaux de Grégoire XII, qu'ils avaient cependant élu à la place de Boniface IX, le quittent et se rendent au concile de Pise. Gerson, député de l'Université de Paris, persuade à l'assemblée de déposer enfin les deux papes à la fois, et fait nommer Alexandre V pour les remplacer l'un et l'autre : il y eut alors trois papes au lieu de deux. Mais l'effet des décisions de ce concile doublé d'un conclave fut tel que les deux antipapes durent se réfugier, Grégoire XII à Rimini, et Benoît XIII

[1] *Le Livre des Faicts du mareschal de Boucicaut*, écrit sous ses yeux. Nous n'y trouvons aucune mention du siège peu glorieux du palais.

à Barcelone ; ils n'en maintiennent pas moins leurs prétentions, et le dernier commande à Rodrigue de Luna de se défendre dans le palais, où il comptait bien revenir.

Alexandre V envoie dans le Comtat le légat Pierre de Tourroye, avec l'ordre d'expulser les Catalans et les Aragonais. Le siège reprend de plus belle ; les Avignonais, plus hardis contre le frère du pape que contre le pape lui-même, s'y associent résolûment et font venir d'Aix une énorme couleuvrine que trente-six chevaux avaient de la peine à traîner. Il fallut cependant un an et demi de combats, dont la ville eut bien plus à souffrir que le château, où il périt beaucoup plus d'habitants que d'Aragonais et de Catalans, pour forcer Rodrigue à capituler. Il quitta la place le 22 novembre 1411, avec tous les honneurs de la guerre. Le palais des papes avait bien mérité de la papauté !

Une croix de fer, élevée en 1418 au carrefour de la rue Carrèterie et de la rue des Infirmières, rappelle encore la fin du schisme.

En résumé, Philippe le Bel, par un acte de profonde politique, d'une hardiesse inouïe, avait forcé les papes à s'établir en France, sous sa dépendance ; — après un siècle, qui ne fut certes pas pour notre pays un siècle de progrès, Charles VI les en déloge à coups de canon.

QUATRE SIÈCLES DE L'HISTOIRE D'AVIGNON
(1412-1791).

Les papes une fois partis d'Avignon, et sans retour, cette ville ne cesse pas de leur appartenir. Un légat, bientôt un vice-légat, qui réside au palais, représente l'autorité souveraine : mais il la représente seulement et laisse les habitants se gouverner eux-mêmes, à peu près comme ils l'ont fait au XIIe siècle, quand ils étaient en république. Un conseil de la ville, qui délibère sur les affaires financières et les questions administratives, élit tous les trois ans les consuls. L'un est pris dans la noblesse ; deux autres appartiennent à la bourgeoisie ou au commerce ; le quatrième, sous le titre d'assesseur, est choisi parmi les hommes de loi. Le tribunal de *la rote* juge des différends ; la *vice-gérance* a dans ses attributions les ordres militaires et religieux ; la *daterie* constitue le bureau des grâces et juge les causes qui lui viennent par appel. Des sentences données au civil on peut en appeler jusqu'à Rome. Les causes criminelles se terminent de l'autorité du légat, qui en ordonne l'exécution.

L'université d'Avignon compte aussi parmi les institutions les plus importantes de cette ville. Elle avait été fondée par une bulle de Boniface VIII, augmentée par Jean XXII d'une faculté de théologie, et confirmée dans ses privilèges, exemptions et libertés par Urbain V. Les papes, dans la suite, se firent un honneur de la protéger, d'en favoriser le développement. Aussi le nombre des étudiants fut-il de bonne heure très considérable, et l'on pourrait citer plusieurs noms illustres parmi ses docteurs : les Alciat, les Cujas [1], etc. Le primicier de cette université, élu tous les ans par les professeurs, jouissait d'une grande autorité et exerçait dans l'administration municipale une influence prépondérante ; la noblesse héréditaire était attachée à ces fonctions. Autour de l'université dont le siège et les classes étaient dans la rue des *Études* (on en voit encore la porte mutilée), se groupaient plusieurs collèges fondés par des cardinaux pour la plupart. Les plus célèbres sont ceux de Sénanque, d'Annecy, du Roure et de Saint-Martial.

Quant aux charges financières, le seul impôt

[1] Gassendi prit à l'Université d'Avignon le grade de docteur.

que le pape fît percevoir était un droit d'octroi pour l'entrée et la sortie de toutes les marchandises ; les remparts en rendaient la perception facile.

Cet état de choses se maintient jusqu'à la révolution française, et il semble que la condition des Avignonais, sous ce régime, ait été moins brillante, sans doute, qu'au XIVe siècle, mais moins troublée et plus heureuse.

Les rois de France devaient être assez disposés, on le comprend, à s'emparer de cette ville, surtout lorsque la mort du bon roi René les eut rendus maîtres de la Provence comme ils l'étaient déjà du Dauphiné. A l'avènement de Charles VIII, le parlement de Grenoble rendit un arrêt pour la réunion du Comtat à la couronne ; Sixte IV excommunia tous les membres de cette cour, et l'affaire, cette fois, n'alla pas plus loin.

Julien du Roure ou de la Rovère était précisément alors archevêque d'Avignon. C'est le même qui deviendra, sous le nom de Jules II, un pape fort belliqueux, toujours prêt à monter à cheval contre les Français, « ces barbares du Nord ». Il voudra les chasser de l'Italie et les chassera. En attendant, il gouverne très pacifiquement l'Eglise avignonaise pendant vingt-huit ans, fait de nombreux embellisse-

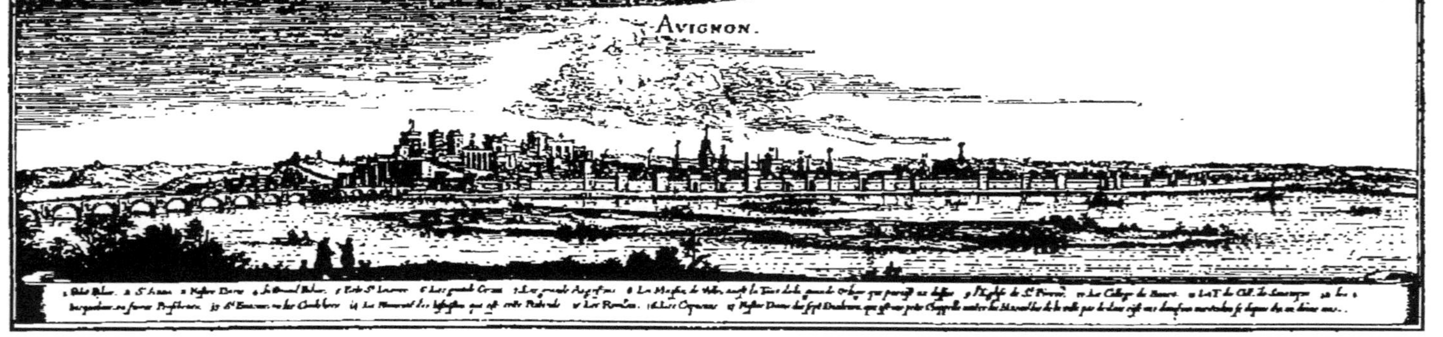

AVIGNON AU XVIIe SIÈCLE.

Fac-similé, réduit au tiers, d'une ancienne gravure.

LÉGENDE : 1 *Petit Palais.* 2 *St. Anna.* 3 *Nostre Dame.* 4 *la Grand Palais.* 5 *Porte St. Lazare.* 6 *Les grands Carmes.* 7 *Les grands Augustins.* 8 *La Maison de Ville, ouest la Tour de la grande Orloge qui paroist au dessus.* 9 *l'Eglise de St. Pierre.* 10 *Le College du Roure.* 11 *La T. du Coll. de Sinanque.* 12 *les Iacquobins ou freres Prescheurs.* 13 *St. François ou les Cordeliers.* 14 *Le Nouicial des Iésuistes qui est cette Rotonde.* 15 *Les Recollez.* 16 *Les Capucins.* 17 *Notre Dame des sept Douleurs, qui est une petie Chappelle contre les Murailles de la ville par dedans c'est une déuotion miraculeuse depuis dix ou douze ans.*

ments à l'ancien évêché, devenu son palais archiépiscopal, et fonde le collège du Roure, qui est aujourd'hui l'hôtel de la Préfecture. Mais il n'avait pas dû ignorer — et sans doute il en garda toujours le souvenir — les sourdes menées de Louis XI, dont l'arrêt du parlement de Grenoble était la suite un peu tardive.

Pendant les guerres de religion, le Comtat fut plusieurs fois attaqué et en partie ravagé; la ville même n'en souffrit pas. Les habitants se rappelaient trop bien les exploits de Louis VIII pour être tentés d'adopter les idées nouvelles, et l'exemple de Perrinet Parpaille n'était pas fait pour les séduire.

Ce Parpaille, d'où vient probablement le nom de *parpaillots* donné en Provence aux protestants, avait été primicier de l'université d'Avignon. Il avait embrassé la réforme, s'était mis à la tête des calvinistes d'Orange, avait pillé les églises de cette ville, et du prix des vases sacrés s'était fait des ressources pour soutenir la lutte. Pris, jugé et condamné à mort, il fut d'abord enfermé dans une cage de bois suspendue en l'air, et pendant plusieurs jours exposé aux risées de la populace. Enfin, on lui trancha la tête dans une cour du palais (1562). Sa maison fut rasée et sur l'emplacement la place *Pie* fut établie. — Pie IV régnait alors.

Si les étudiants, avec la témérité de leur âge, montrèrent encore quelque velléité de s'intéresser à l'hérésie, le sort de deux d'entre eux leur inspira de salutaires réflexions. Ces deux jeunes écoliers furent condamnés à faire amende honorable. On les conduisit solennellement sur la place publique, en portant devant eux les fagots qui auraient servi à leur bûcher sans l'insigne clémence du vice-légat, et on les enferma dans un cachot pour le reste de leurs jours.

D'ailleurs, la protection du Ciel se manifestait même par des miracles. Ainsi, tandis que les intrigues des calvinistes menaçaient de faire tomber la ville entre leurs mains, on vit la nuit, à plusieurs reprises, un flambeau allumé faire de lui-même le tour des remparts. Cette *fausse ronde* les préserva de toute surprise et rendit inutiles à Avignon les grandes mesures qui se résumèrent, à Paris et en France, dans la Saint-Barthélemy.

Cependant, à la faveur de cette tranquillité relative, les arts et l'industrie faisaient tous les jours des progrès. Un imprimeur était venu s'établir dans la ville dès l'année 1497, et bientôt l'imprimerie avait pris de grands développements. Jusqu'à la révolution, malgré l'Inquisition qui « n'avait pas de pratiques », suivant l'expression du président de Brosses, Avignon fera concurrence à la Hollande, et tous les livres condamnés en France y seront publiés sans trop de mystères et exportés en contrebande.

La fabrication des étoffes, en particulier des étoffes de soie, et la teinture de ces étoffes portée à la perfection, occupaient un grand nombre d'ouvriers. Les soieries avignonaises eurent longtemps la renommée que celles de Lyon possèdent aujourd'hui.

De nouveaux monuments s'élevèrent. L'hôtel de ville fut bâti au XVe siècle sur l'emplacement d'une ancienne maison des Colonna. Il n'en reste malheureusement aujourd'hui que la tour, avec la flèche et les élégants clochetons qui la surmontent. On y plaça dès l'origine le légendaire Jacquemard et sa femme, pour frapper les heures sur une cloche qui a servi jusqu'en 1841, pendant près de quatre siècles.

Au commencement du XVIIe siècle (1610), sous le pontificat de Pie V, on bâtit cette étrange façade, qui s'élève en face du palais des papes et fait avec lui un si bizarre contraste. Elle fut tirée, dit-on, des cartons de Michel-Ange, où l'on aurait peut-être dû la laisser, avec ses lourds ornements de guirlandes massives, de génies bouffis, de griffons et d'animaux fabuleux, sans une seule fenêtre au-dessus du rez-de-chaussée. L'écusson qui la décore a porté successivement les armes de Pie V, le chiffre impérial et les fleurs de lis ; on y voit aujourd'hui les armes de la ville. Ce bâtiment, qui devait être d'abord un hôtel des monnaies, servit de caserne aux chevau-légers du pape, et à la gendarmerie après la révolution. C'est maintenant une dépendance de l'hôtel de ville; on y fait les cours de musique.

Les vice-légats, à plusieurs reprises, modifièrent encore les constructions du palais et firent à l'intérieur de nouveaux embellissements. C'est ainsi que le cardinal de Clermont éleva, au sud-est, un corps-de-logis, appelé la *Mirande* ou la Merveilleuse, et la galerie couverte qui la reliait aux tours des jardins. En revanche, le vice-légat Alexandre Colonna, au XVIIe siècle, démolit une partie de la tour des Anges, et, avec les matériaux, construisit à l'entrée du palais une barbacane et un pont-levis que la double rampe actuelle a remplacés en 1857.

A la fin du même siècle, on fit disparaître les deux tourelles élégantes qui se dressaient au-dessus de la même entrée et dont le couronnement dépassait le faîte de l'édifice. Il n'en

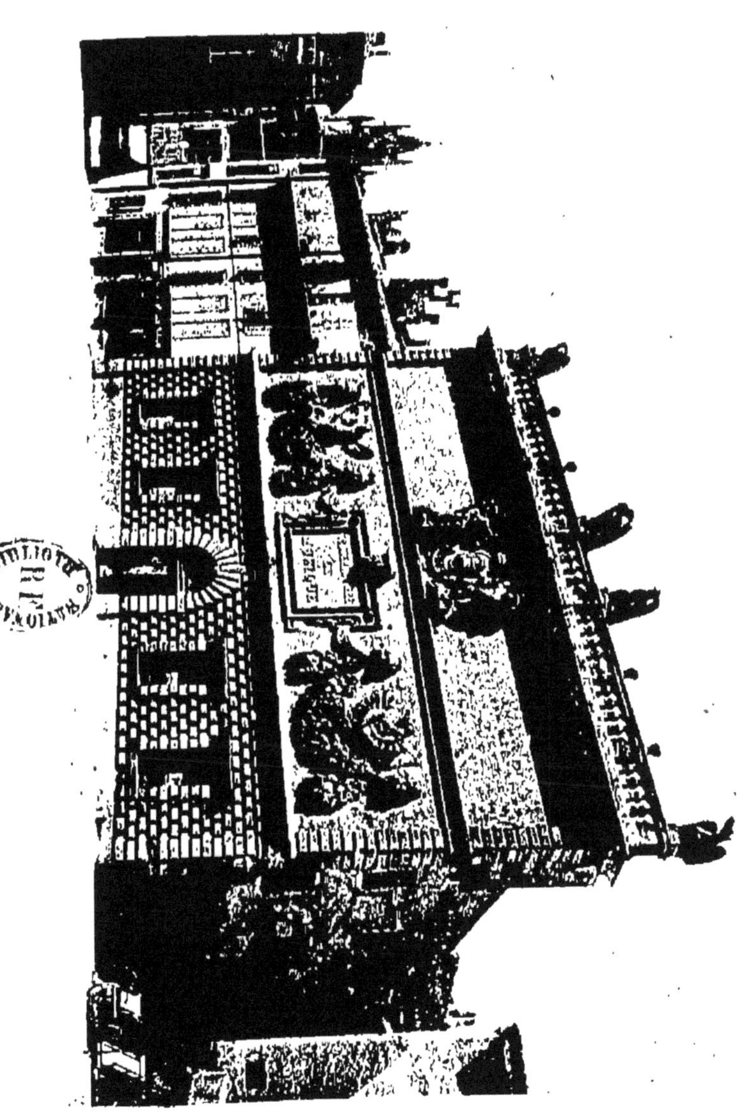

reste plus que les supports ou nids d'aronde, à la hauteur du balcon qui règne tout le long du premier étage.

Avignon se peuplait aussi de beaux hôtels, véritables palais qu'il faut chercher le plus souvent dans des rues étroites, et que l'on ne peut pas toujours du dehors admirer autant qu'on le voudrait. Dans la rue Joseph-Vernet s'ouvre l'ancien hôtel Villeneuve (1750), aujourd'hui le musée Calvet, qui développe sur les jardins une charmante façade. Non loin de Saint-Didier, dans la rue de la Masse, l'hôtel Crillon rivalise avec les plus belles constructions civiles du XVIIe siècle en France et en Italie. L'hôtel Lescarenne, dans la rue Petite-Fusterie, est célèbre pour les peintures de Nicolas Mignard.

Richelieu vint passer deux ans au couvent des Minimes, lorsqu'à la suite de l'assassinat du maréchal d'Ancre il fut exilé en même temps que la reine. Il revint en 1642, alors que, tout-puissant et malade, il traînait à sa suite Cinq-Mars et de Thou, qui avaient osé conspirer contre lui et qu'il menait décapiter à Lyon.

Mazarin, avant d'être envoyé à Paris en qualité de légat extraordinaire, avait, comme vice-légat d'Avignon (1634), habité le palais.

En 1622, Louis XIII avait été reçu avec de grands honneurs. Louis XIV, en 1660, fut traité comme s'il eût été le maître et seigneur de la ville. Les Avignonais de ce temps étaient jaloux, semble-t-il, de la gloire du royaume dans lequel ils étaient enclavés sans en faire partie[1]. Volontiers ils allaient prendre du service dans l'armée française et racontaient, à leur retour, la puissance, la magnificence d'un roi auprès duquel un vice-légat et sa *garde pétachine* (poltronne) faisait assez triste figure; on en était un peu humilié. Mais il faut ajouter que le gouvernement de la ville laissait alors beaucoup à désirer. L'administration municipale avait passé tout entière aux mains de la noblesse, et, par suite d'une mauvaise gestion des affaires, peut-être aussi à cause des réceptions trop fastueuses faites à plusieurs reprises aux princes, aux souverains étrangers, la ville était fort endettée et les charges étaient devenues très lourdes. Il y

[1] En fait, Avignon dépendait alors autant du roi que du pape, et il faut voir dans les Délibérations des États du Comtat, que le savant archiviste du département, M. Duhamel, s'est chargé d'inventorier, avec quel art, quelle souplesse, ces États dirigeaient, entre ces deux maîtres, les affaires de la province, et quels fins politiques cette situation avait formés à la longue.

avait eu plusieurs émeutes et l'intervention de la France avait été quelquefois nécessaire. Enfin quand Louis XIV, à l'occasion des démêlés de son ambassadeur avec Alexandre VII (1663), fit prendre possession d'Avignon par des délégués de son parlement d'Aix, le peuple célébra par de grandes réjouissances cette annexion expéditive. L'occupation ne dura que six mois.

Le 30 septembre 1687, les troupes royales entraient de nouveau dans la ville. Il s'agissait cette fois de la *régale*, c'est-à-dire des revenus des évêchés et des bénéfices que Louis XIV avait le droit de percevoir, pendant qu'ils étaient vacants, dans une partie seulement de ses Etats, et qu'il voulait percevoir dans tout le royaume. Le pape Innocent XI s'y opposait. Le comte de Grignan, gendre de Mme de Sévigné, reçut l'ordre d'ajouter Avignon et le Comtat à son gouvernement de Provence. Il fallut attendre la mort du pape pour obtenir de son successeur une promesse d'arrangement. Louis XIV s'en contenta, et le vice-légat reprit le chemin d'Avignon (nov. 1689). Mais le différend ne devait être définitivement réglé que trois ans plus tard.

Louis XV mit aussi la main sur le Comtat; ce fut cette fois à l'occasion des Jésuites. Ces religieux, professeurs, missionnaires et commerçants, expulsés de France, soutenus par Clément XIII, s'étaient réfugiés en grand nombre dans la ville papale, où leur ordre possédait déjà un établissement important, un noviciat et un collège qui est devenu le lycée. Le roi, pour se venger de la résistance du saint-siège, prétendit les chasser d'Avignon même, et il fit occuper la ville jusqu'au moment où Clément XIV accorda aux puissances, unanimes à la réclamer, la suppression des Jésuites, c'est-à-dire pendant près de six années[1] (1768-1774).

C'est là le principal épisode de l'histoire d'Avignon au XVIIIe siècle jusqu'à la révolution. La population avait bien diminué après la terrible peste de 1721, qui n'avait pas exercé dans cette ville moins de ravages qu'à Marseille. Mais il ne semble pas que l'impression en ait subsisté fort longtemps ou qu'Avignon ait beaucoup tardé à redevenir, selon le témoignage d'un voyageur, la ville la plus agréable à habiter. On y trouvait au plus haut degré ce mélange de fêtes religieuses et de réjouissances

[1] Pour ces diverses annexions, voir le savant et très intéressant ouvrage de M. P. Charpenne : *Histoire des réunions temporaires d'Avignon et du Comtat Venaissin à la France*. 2 vol. gd. in-8°. Calmann-Lévy, éd. 1886.

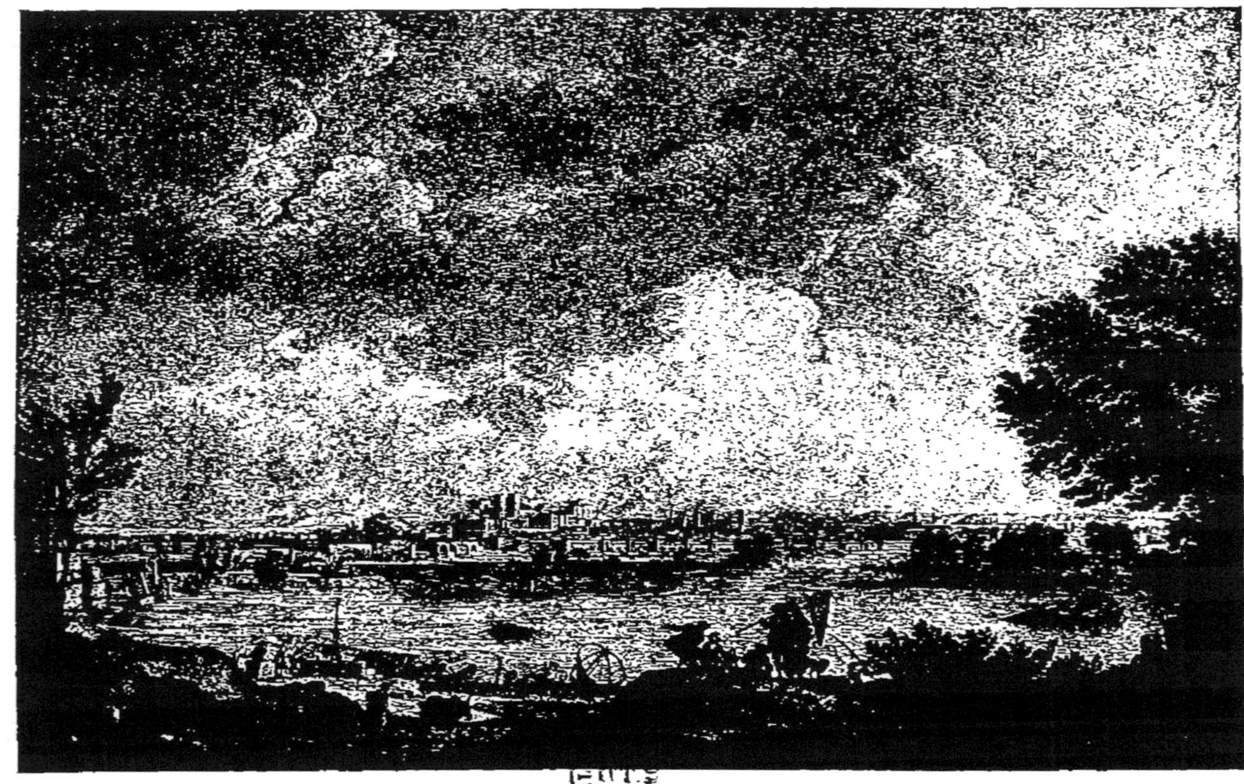

AVIGNON AU XVIIIe SIÈCLE.

profanes si goûté des habitants du Midi. Les mœurs y étaient faciles, et il y avait toujours quantité d'étrangers attirés par la curiosité et retenus par l'agrément.

Le président de Brosses s'y arrête quarante-huit heures et se croit déjà en Italie. Il serait malséant de rapporter ici beaucoup des jugements que lui inspirent ses courses à travers la ville. Voici un passage cependant qui donnera une idée suffisante du gouvernement paternel dont les Avignonais jouissaient en 1739, et du respect pour l'autorité et les vieux monuments, de ce président en voyage : « Le palais du vice-légat est vieux, fort mal logeable, et les appartements ne valent pas la peine d'être vus. Celui d'à présent se nomme *Buondelmonti*. C'est un homme de cinquante ans, fort poli, qui nous donna une lettre de recommandation pour son neveu à Rome. Il commande ici en chef depuis cinq ans, et, au sortir de là, il sera, selon l'usage, fait cardinal. Il est vêtu singulièrement, d'une espèce de veste assez longue, couverte d'un pet-en-l'air à manches tailladées, dont les ouvertures sont garnies de petits boutons et boutonnières, le tout de damas noir, ce qui le fait ressembler bien fort à feu Scaramouche. Il entretient une compagnie de cavalerie de quarante hommes et une de cent hommes d'infanterie. Ses gardes ont des uniformes d'écarlate, galonnés d'argent sur toutes les tailles. Les Suisses sont encore plus originaux pour l'habillement que leur maître. Tout cela marche à tout propos, même quand il reconduit une visite. Ce n'est pas avec les revenus de sa vice-légation, qui ne passent pas vingt mille livres, qu'il tient cet état ; mais il est riche de son patrimoine. Communément les vice-légats ne sont pas en bonne intelligence avec les archevêques ; cela n'est pas aujourd'hui. L'archevêque, Piémontais de nation, vieux bonhomme de quatre-vingts ans, ne se mêle de rien. »

Au premier choc, Avignon devait se détacher du domaine pontifical et faire retour à la France ; elle était depuis longtemps française. Pourquoi faut-il que cet événement si naturel ait entraîné tant de scènes de désordre, tant de violences, tant de crimes ! Mais à quoi bon rappeler ces sanglants épisodes ? Les sinistres exploits de Jourdan coupe-têtes, le massacre de la Glacière, sont assez connus. Nous ne raconterons pas davantage les fureurs de la réaction en 1814, et l'assassinat du maréchal Brune en 1815. Les deux partis, qui ont trop longtemps divisé la population, n'ont malheureusement rien à se reprocher ou à s'envier!

Le décret du 14 septembre 1791 réunit Avignon à la France. Le 19 février 1797, Pie VI, par l'article 6 du traité de Tolentino, déclara renoncer purement et simplement, en faveur de la République française, à tous les droits qu'il pourrait prétendre sur la ville et le territoire d'Avignon, le Comtat venaissin et ses dépendances.

III.

AVIGNON FRANÇAISE.

ASPECT GÉNÉRAL.

Chef-lieu du département de Vaucluse, Avignon n'a plus pour les voyageurs l'attrait d'une ville étrangère. On ne sort plus de France en entrant dans le Comtat, et dans les rues de la vieille cité on ne trouve plus cette foule bariolée de religieux de tout ordre, se croisant avec les gardes suisses du vice-légat aux habits écarlates bordés d'argent. Le nombre des couvents a bien diminué ; beaucoup d'entre eux ont reçu une destination nouvelle, et leurs clochers sont muets, ou ne sortent de leur silence que pour jeter l'heure au quartier. Mais l'aspect général est resté le même. Que l'on vienne du nord ou du midi, de l'est ou de l'ouest, Avignon, dominée par son vieux château et les nombreuses tours de ses églises, finissant pour la plupart en pyramides aiguës, aux arêtes dentelées, a une physionomie originale qui saisit l'imagination et la reporte au passé.

L'enceinte a la forme d'une ellipse à peu près régulière. Peu d'habitations touchent aux remparts, qui sont presque partout dégagés; les faubourgs sont en réalité à l'intérieur, entre les murailles disparues de la république et celles des papes; dans le même intervalle s'étendent de vastes jardins, des champs entiers. La population d'Avignon est bien loin de répondre à sa superficie.

Le président de Brosses, qui se lasse rarement de critiquer, trouve cependant les rues régulières et bien percées. Il faut croire qu'il n'en avait vu qu'un petit nombre, ou que l'on était, de son temps, peu difficile. La ville est au contraire un véritable dédale de rues étroites et tortueuses, à la façon du moyen âge; mais, du moins, elles sont fraîches en été, et l'hiver elles offrent le moins de prise possible au vent du nord, au *mistral*, ce fléau du pays. Les deux tiers du fameux dicton :

Avenio ventosa,
Cum vento fastidiosa,
Sine vento venenosa,

ne sont encore que trop vrais aujourd'hui.

Cependant Avignon a été assainie de telle sorte que les avantages de ce vent terrible et froid, qui dure trois, six ou neuf jours, sont moins certains qu'au moyen âge. Mais c'est un grand balayeur de nuages, un pourvoyeur de lumière : il y a beaucoup à lui pardonner.

De la gare, l'une des plus récentes et des plus belles de la ligne, à la place de l'Hôtel de ville, on a percé une rue droite et large à la mode de Paris, la rue Pétrarque ou de la République. Cette belle voie, presque dans toute sa longueur, est bordée de superbes maisons que la pierre blanche des Angles ou de Fonvielle rend éblouissantes dans leur nouveauté. Il faut voir travailler cette pierre, si tendre qu'elle se découpe à la scie, et qui durcit, en se dorant, sous l'action de l'air et du soleil. Mais la rue de la République est dans le courant même du mistral, et ce n'est pas petite affaire que de remonter ce courant.

L'entrée d'Avignon par la porte Pétrarque offre ainsi une perspective d'une beauté peu commune ; mais quel que soit le mérite de ces nouveautés ce ne sont pas elles qui sont ici le plus dignes d'intérêt : en dehors du palais dont nous avons parlé, que reste-t-il de la ville papale ?

LES ÉDIFICES RELIGIEUX.

Il n'y a plus à Avignon, en comptant les quatre paroisses et la cathédrale métropolitaine, qu'une trentaine d'églises et de chapelles où se célèbrent encore les cérémonies du culte catholique.

Notre-Dame-des-Doms, de deux siècles plus ancienne que le palais des papes, est certainement l'un des sanctuaires les plus vénérables et les plus curieux du monde chrétien. Fondée, selon la légende, par sainte Marthe en l'honneur de la Vierge *encore vivante sur la terre*, reconstruite sous Constantin, et, une seconde fois, au XIIe siècle, elle présente, avec son porche byzantin, peut-être unique en son genre, sa nef à plein cintre, ses tribunes d'une élégance malheureuse [1], ses chapelles ajoutées à différentes époques, le résumé un peu confus de l'histoire religieuse d'Avignon. On aimerait mieux retrouver la basilique romaine d'autrefois, telle que l'avaient laissée les papes, moins chargée d'ornements, plus nue, plus sombre, et cependant comme illuminée au

[1] Construites en 1672, par l'archevêque Azo Arioste, qui a fait aussi agrandir l'abside.

dedans par deux merveilles de l'art ogival, les tombeaux de Jean XXII et de Benoît XII.

Le premier de ces monuments était encore, en 1759, au milieu de la chapelle de Saint-Joseph ; il gênait les chanoines ; on le transporta dans la sacristie, où l'on peut à peine admirer, faute d'espace, ce type ainsi dépaysé des tombeaux à dais et à pendentifs, admirable d'élégance et de légèreté.

Le second, à peu près du même goût, fut aussi déplacé parce qu'il incommodait la confrérie des tailleurs ; cependant on avait déjà abattu, de peur de les voir tomber en ruines, les colonnettes et les clochetons qui surmontaient ce mausolée.

Ce sont là les seules sépultures papales de N.-D.-des-Doms. Mais 157 cardinaux ou prélats y sont ensevelis, et les tombeaux des archevêques Grimaldi[1] et Marinis offrent aussi de belles sculptures du XVIe et du XVIIe siècle. En cette sainte compagnie le brave Crillon repose dans une crypte à l'entrée du chœur. Son épithaphe, près du siège pontifical, est courte et se termine par ces mots : *Passant, l'histoire t'en dira davantage.*

L'antique chaire des papes, en marbre blanc,

[1] Ce Grimaldi commandait à Lépante la flotte pontificale.

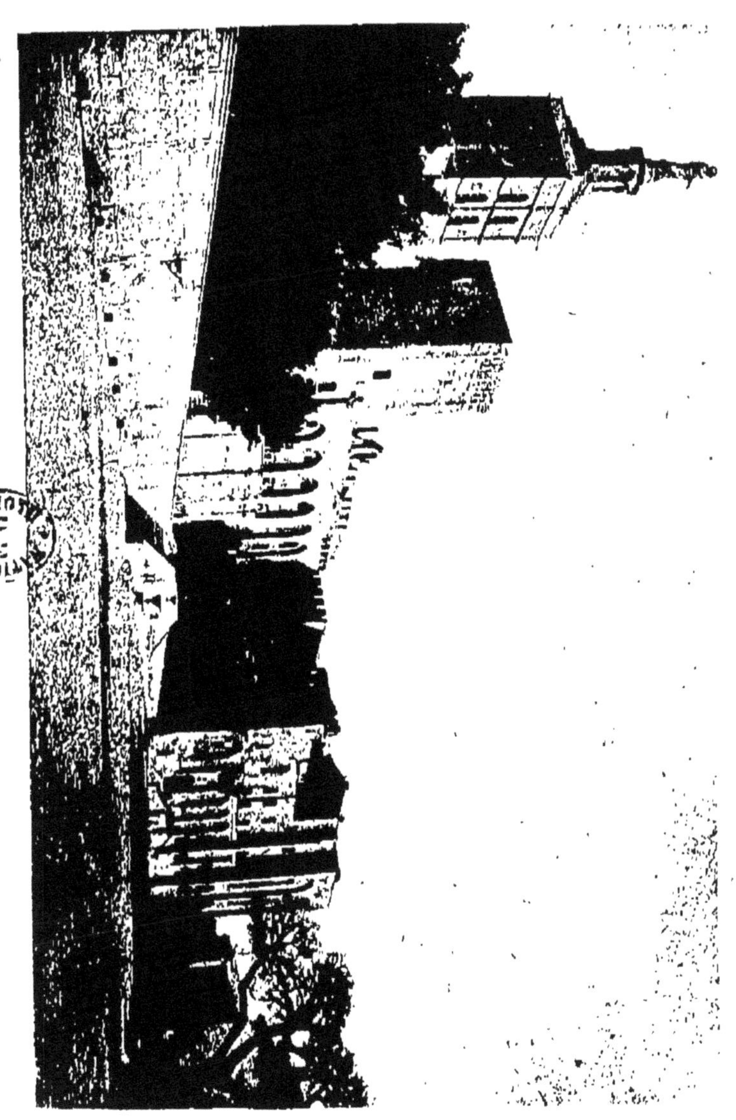

qui sert de siège aux archevêques d'Avignon, est curieuse dans sa simplicité primitive, ainsi que les deux autels du moyen âge où le prêtre officiait la face tournée vers les assistants.

On admire dans la belle et claire chapelle de la *Résurrection*, construite en 1682 par l'archevêque Libelli, les statues des *Apôtres* de Puget et celle de la *Vierge* de Pradier. La chapelle du Saint-Sacrement a été décorée de fresques et de toiles par Devéria. De remarquables tableaux de Renaud Levieux, de Simon de Châlons, de Pierre et de Nicolas Mignard, sont encore disséminés dans l'église et dans la sacristie.

Les plus anciennes peintures se trouvaient dans le *narthex* qui sépare le porche de la nef et sous le porche lui-même. Ce sont ou plutôt c'étaient des fresques de Simeone Memmi, d'une franchise et d'un naturel incomparables; mais le temps les avait dégradées, et, en 1828, on les a tout simplement badigeonnées [1].

Le trésor de l'église est précieux bien qu'assez pauvre en œuvres d'art du moyen âge; elles sont retournées à Rome pour la plupart.

[1] Si on les a badigeonnées, je me demande pourquoi on ne tenterait pas de les faire réparaître, comme on a fait, à Santa-Croce de Florence, reparaître les fresques de Taddée Gaddi, du Giotto, etc. Et de même, des fresques du Palais.

Le véritable trésor de N.-D.-des-Doms est le trésor de ses souvenirs. Elle a vu le sacre et l'intronisation de trois papes, Innocent VI, Urbain V et Grégoire XI ; le couronnement de Louis d'Anjou, en présence du roi Charles VI; les funérailles d'Innocent VI, auxquelles assistait le roi Jean ; Charles IX, Henri III, Marie de Médicis, Louis XIII et Louis XIV y sont venus en pèlerinage.

Il serait trop long d'énumérer tous les saints personnages qui ont siégé dans cette église ou qui l'ont visitée, les reliques qu'elle contient et les miracles qui s'y sont accomplis à travers les siècles. La tradition rapporte qu'elle avait été consacrée visiblement *par la main même de N. S. Jésus-Christ*, le 8 octobre 799.

Le clocher, une tour carrée, rebâti vers 1431, après le siège du palais, est aujourd'hui surmonté d'une colossale statue de la Vierge, qui atteste plus de piété que de goût.

« Ne dût-on s'arrêter qu'une heure à Avignon, dit Stendhal, il faut absolument voir les quatre étages du palais et N.-D.-des-Doms. »

En face du porche, un calvaire monumental rappelle une mission de 1819, et, au delà, s'avance le balcon d'où les papes donnaient, comme à Rome, leur bénédiction *urbi et orbi*.

L'église de SAINT-AGRICOL date, pour la plus

grande partie, du XIVe siècle. Elle avait été fondée d'abord en 680, sur le même emplacement, c'est-à-dire sur le prolongement des arceaux de l'hippodrome antique, par le saint même dont elle porte aujourd'hui le nom ; saint Agricol est aussi le patron de la ville, dont il fut le 40e évêque, et on l'invoque particulièrement dans les calamités locales, par exemple en temps de sécheresse. L'église est cachée par les maisons voisines et ne montre à découvert qu'une étroite façade du XVe siècle, où l'on arrive par un perron latéral de vingt marches. La porte, divisée par un trumeau, est ornée de sculptures et de statues remarquables encore, quoique mutilées.

Élégant, avec sa nef ogivale hardiment posée sur des colonnes élancées, l'intérieur est malheureusement défiguré par le badigeon et par des grisailles fort médiocres. Une grande et belle fresque de Pierre de Cortone, peintre italien du XVIe siècle, peinte au-dessus des tribunes, représente *saint Agricol mettant Avignon sous la protection de la Vierge*, et corrige un peu l'effet de ce barbouillage, ainsi que quelques tableaux estimés, appendus çà et là : *N.-D. des Sept-Douleurs*, d'après le Carrache, par N. Mignard ; le *Sauveur prêchant*, de Parrocel ; une *Assomption* attribuée au Bourguignon, une *Sainte Anne*, de Trevisani ; le *Saint Michel*, de Sauvan, d'après le Guide ; enfin un *Saint Agricol*, par l'Avignonais Minoli. Il faut voir aussi dans la première salle de la sacristie, voûtée en ogives, la *Sainte Agathe* de N. Mignard, et de belles boiseries dans la seconde.

Dans la chapelle de la Vierge, l'autel et la belle statue en bois qui la surmonte sont du célèbre Coysevox. Cette chapelle est elle-même le chef-d'œuvre de l'architecte Péru, à qui l'on doit encore, car il était aussi sculpteur, les statues de saint Jean et de sainte Elisabeth, l'autel de la chapelle de la *Congrégation des pauvres femmes*, et enfin le maître-autel de l'église, aussi remarquable par sa forme que par la richesse de ses marbres.

Le retable, vulgairement appelé le *tombeau des Doni*, au fond de la nef de droite, est un précieux monument de la renaissance, tout couvert de gracieuses arabesques et d'ornements, autrefois polychromes, sculptés avec une grâce charmante. On y voit en particulier un groupe ravissant d'anges musiciens.

Parmi les sépultures de cette église, les plus remarquables sont le tombeau de P. Mignard, l'un des six fondateurs de l'Académie d'architecture, désigné par une plaque de marbre noir scellée dans le mur, près de la première chapelle à droite, et le mausolée de la famille des Perrussis.

Saint-Agricol dut probablement à son titre de *première paroisse* d'être, en 1793, choisie pour devenir le temple de la Raison.

Non loin de là, dans la rue Joseph-Vernet, s'élève la chapelle de l'ORATOIRE, construite de 1713 à 1741, sous la direction d'un chanoine de Saint-Pierre, le P. Léonard. C'est une rotonde entourée de tribunes, toute décorée de marbres et de dorures, avec un dôme élevé d'une architecture savante. Le maître-autel est surmonté d'un tableau de N. Mignard, l'*Adoration des bergers*.

Il ne subsiste aucune trace du magnifique couvent des DOMINICAINS où Clément V avait reçu l'hospitalité. Il était près de la porte récemment ouverte de Saint-Dominique. Le cloître était le plus vaste et le plus orné de l'Europe. L'église, à trois grandes nefs d'une grande hardiesse, pouvait rivaliser pour les souvenirs avec N.-D.-des-Doms. Elle avait servi à deux conclaves et à plusieurs consistoires; elle avait vu le couronnement de Benoît XII et celui de Clément VI. On y admirait une infinité de tableaux et de peintures du XIVe siècle et les superbes mausolées d'un grand nombre de cardinaux. C'est là enfin que saint Thomas d'Aquin, l'Ange de l'école, avait été canonisé, et, peu de temps après, saint Yves, le patron des avocats.

Dépouillée au moment de la révolution, cette église fut utilisée pour une fonderie au commencement de ce siècle ; mais rien ne l'a sauvée, et il n'en reste pas pierre sur pierre.

Le GRAND SÉMINAIRE date du XVe siècle, et il est encore inachevé. C'est cependant en France l'un des plus beaux et des plus vastes, avec d'immenses jardins. L'église, du style corinthien le plus riche, à voûtes plates, contient un baldaquin à colonnes de marbre qui s'élève à treize mètres au-dessus du maître-autel, et un important tableau de Vien, la *Circoncision de N. S.* Le réfectoire est orné d'un panneau de Simon de Châlons et de deux toiles de N. Mignard et de Sauvan.

La seconde paroisse, SAINT-PIERRE, est de toutes les églises d'Avignon celle qui a la plus belle façade ; elle est du style ogival le plus élégant et date du XVIe siècle (1520). Le trumeau qui divise la porte est orné d'une belle statue de la Vierge du célèbre Bernus ; les vantaux eux-mêmes, admirablement sculptés, représentent le combat de saint Michel contre Lucifer et l'Annonciation de la Vierge.

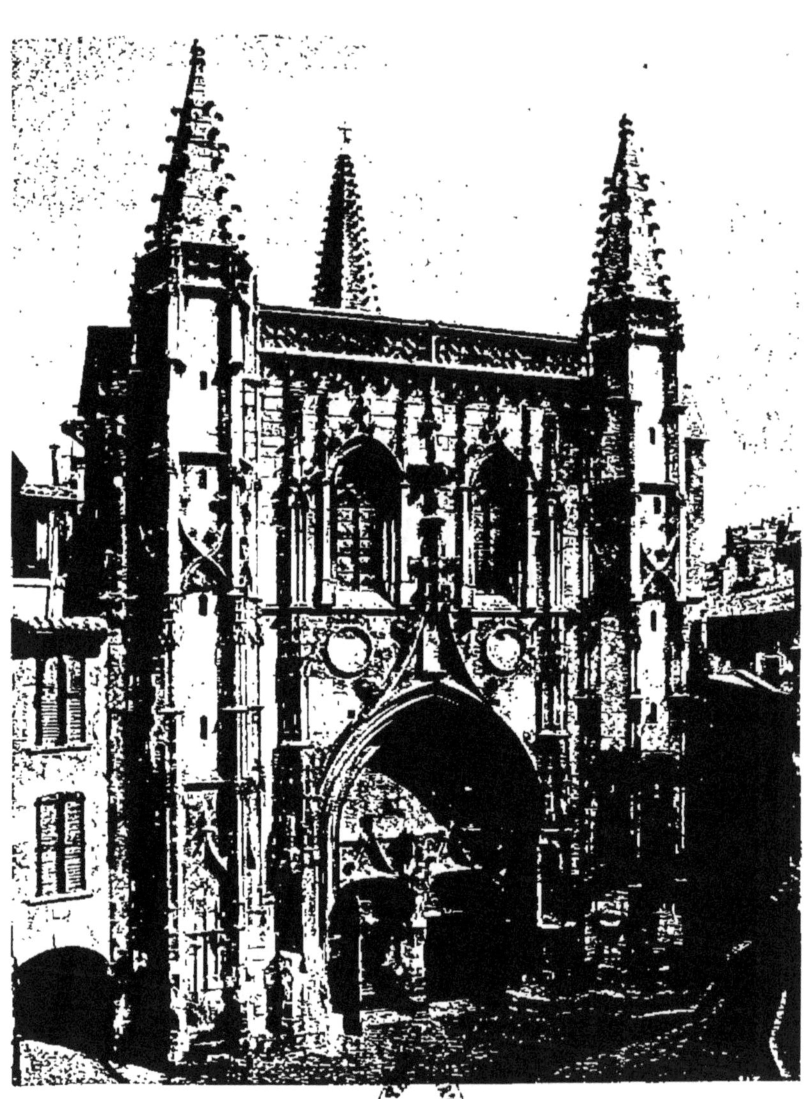

A l'intérieur, des boiseries en déparent un peu l'architecture ogivale et contiennent enchâssées beaucoup de toiles de mince valeur. Il y a, en revanche, des tableaux remarquables : deux *Saint Pierre*, un *Saint André*, sept toiles de *La vie de saint Antoine de Padoue*, par Pierre Parrocel : les deux autres sont de son oncle Joseph : une *Sainte Anne*, une *Immaculée Conception*, *Sainte Marguerite* et *Sainte Marthe* de N. Mignard, une *Adoration des bergers* de Simon de Châlons.

L'autel du Saint-Sépulcre, et, sous la tribune des orgues, un retable de la renaissance, présentent de belles sculptures : le premier, sept statues de pierre ; le second, un curieux bas-relief de la *Cène*. Mais le véritable joyau de cette église est la chaire en pierre blanche très fine, aux nervures délicates, aux dais ajourés d'un merveilleux travail. Les statuettes qui la décorent, et qui ont remplacé presque tout autour les statuettes primitives, proviennent pour la plupart du tombeau de Jean XXII. L'artiste a laissé dans le quatrain suivant sa signature sur son chef-d'œuvre :

Afin que mieux cest Chaire ci
A Dieu du ciel li soit plaisante,
Jacques Malhe li cry merci
Et de bon cœur la luy présente.

Le tombeau de Perrinet Parpaille était près de la sacristie : on avait, en effet, permis à sa famille d'ensevelir, comme celui d'un bon catholique, son cadavre décapité, et il n'y avait assurément dans son épitaphe, gravée sur un tombeau orné de statues, aucune allusion à une apostasie si cruellement punie (voir p. 50).

SAINT-DIDIER, la troisième paroisse, n'a, comme Saint-Pierre et Saint-Symphorien, qu'une seule nef. Cette église s'est enrichie des dépouilles des Célestins. De là vient le retable de marbre blanc que l'on appelait les *Images du roi René*, parce qu'il fut sculpté sur l'ordre de ce prince par un artiste italien, Francesco, en 1481. Il représente la quatrième station du chemin de la Croix, la rencontre de Jésus et de sa mère. Onze vers latins gravés au-dessous du bas-relief donnent naïvement l'explication et le commentaire de cette scène. Des Célestins aussi vient le maître-autel, que Péru avait composé avec beaucoup d'art et de beaux matériaux, pour ces opulents religieux. Deux grandes statues de pierre d'un travail remarquable, qui ornent l'entrée de l'abside, ont été apportées de la chartreuse aujourd'hui ruinée de Villeneuve.

La même église possède en propre une curieuse chaire de pierre suspendue à onze mètres de hauteur, à gauche, au sommet de la troisième arcade, où il devait être difficile de bien voir le prédicateur et où il ne devait pas lui-même, on peut le croire, se trouver fort rassuré.

Des tableaux de Sauvan, la *Dévotion au Sacré-Cœur*, une *Présentation* et une *Purification* de Simon de Châlons, le *Couronnement d'épines* et la *Descente du Saint-Esprit sur les apôtres*, enfin une *Adoration des Mages* de P. Parrocel, composent la décoration picturale de cette église.

Depuis la ruine du pont, c'est elle qui a recueilli les reliques et le culte de saint Bénézet. Elle honore ce saint, au mois de juillet, en même temps que le bienheureux Pierre de Luxembourg, qui fut chanoine de Notre-Dame de Paris à l'âge de dix ans, évêque de Metz à quinze, cardinal à dix-sept, et mourut des suites de ses austérités à Avignon, où Clément VII l'avait fait venir : il avait à peine dix-huit ans. Les miracles qui se firent sur son tombeau ne contribuèrent pas peu à raffermir l'autorité contestée du pape son bienfaiteur. Un feu de joie, sur la place du Corps-Saint, est le couronnement très populaire de cette dévotion particulière à Saint-Didier.

Le clocher de cette paroisse possède un carillon de sept cloches. Le sonneur Fanot, qui l'avait organisé, inauguré, était lui-même une célébrité de la bonne ville d'Avignon.

La place plantée d'ormeaux, qui limite Saint-Didier au midi, marque l'emplacement de l'ancien cimetière de la paroisse. Celui du bourreau et des suppliciés était de l'autre côté de la même église, dans la rue Galante.

L'église SAINT-ANTOINE, qui sert aujourd'hui de magasin de fers, était à quelques pas à peine. Elle contenait le tombeau de messire Alain Chartier, archidiacre de N.-D. de Paris, « excellent orateur, noble poète, renommé rhétoricien, et père de l'éloquence française ». Ce père de l'éloquence française était fort laid, et cependant, un jour qu'il s'était endormi, Marguerite d'Écosse, en passant, lui donna un baiser sur les lèvres, pour les belles choses, dit-elle, qui sortaient de sa bouche.

Le couvent des CÉLESTINS, qui s'ouvre sur la place du Corps-Saint, est aujourd'hui le pénitencier militaire. On y voit encore un cloître gothique bâti par le pape Martin V, un ancien réfectoire dont les lambris sont incrustés de nacre et d'ébène, une église à quatre nefs ogivales, très ornée, avec de remarquables peintures à fresque récemment découvertes.

Fondé par Clément VII en l'honneur de saint Pierre de Luxembourg, qui y fut enseveli, ce couvent contenait aussi la sépulture de son fondateur et celle de vingt cardinaux. Il avait huit mille écus de rente et paraît avoir été le plus riche des monastères d'Avignon et le plus à la mode. Le bon roi René, qui l'avait comblé de donations et qui s'occupait de beaucoup d'autres soins que celui de son royaume, lui avait confié un singulier tableau dont le président de Brosses nous a laissé la description : « Dans une des salles des Célestins, dit-il, je trouvai le fameux tableau peint en détrempe par René d'Anjou, roi de Provence, représentant sa maîtresse. Cette femme, dont il était extrêmement amoureux, étant venue à mourir, dans son affliction, au bout de quelques jours, il fit ouvrir son tombeau ; mais il fut si frappé de l'état affreux de ce cadavre, que, son imagination s'échauffant de noirceur, il la peignit. C'est un grand squelette debout, coiffé à l'antique, à moitié couvert de son suaire, dont les vers rongent le corps défiguré d'une manière affreuse ; sa bière est ouverte, appuyée debout contre une croix de cimetière et pleine de toiles d'araignées fort bien imitées. Au diable soit l'animal qui, de toutes les attitudes où il pouvait peindre sa maîtresse, a choisi un si horrible spectacle ! » Une trentaine de vers tracés sur un parchemin déroulé commentaient la peinture, à grand renfort d'antithèses.

Les Célestins avaient un très beau parc « tout rempli de palissades de lauriers de la hauteur d'un sapin ». Le pénitencier et la caserne des pontonniers en occupent la plus grande partie, et la rue de la République a pris le reste.

A l'ouest de cette rue, l'hospice SAINT-LOUIS s'est approprié l'ancien noviciat des Jésuites, dont l'église avait été élevée aux frais de la famille d'Ancezune. Elle est surmontée d'une coupole et décorée des peintures d'un père jésuite, Jean-Denis Attiret, de Dôle, qui alla depuis jusqu'à Pékin, où l'empereur Kien-Long le nomma son peintre ordinaire. Il y a encore dans la même église un tableau de Sauvan, *Saint Louis, roi de France*, et deux toiles de Parrocel.

L'église du LYCÉE est aussi une église des Jésuites ; il est facile de le reconnaître à l'architecture de sa façade, qui s'élève obliquement sur la rue Pétrarque. Les statues de cette façade sont mutilées et les inscriptions effacées

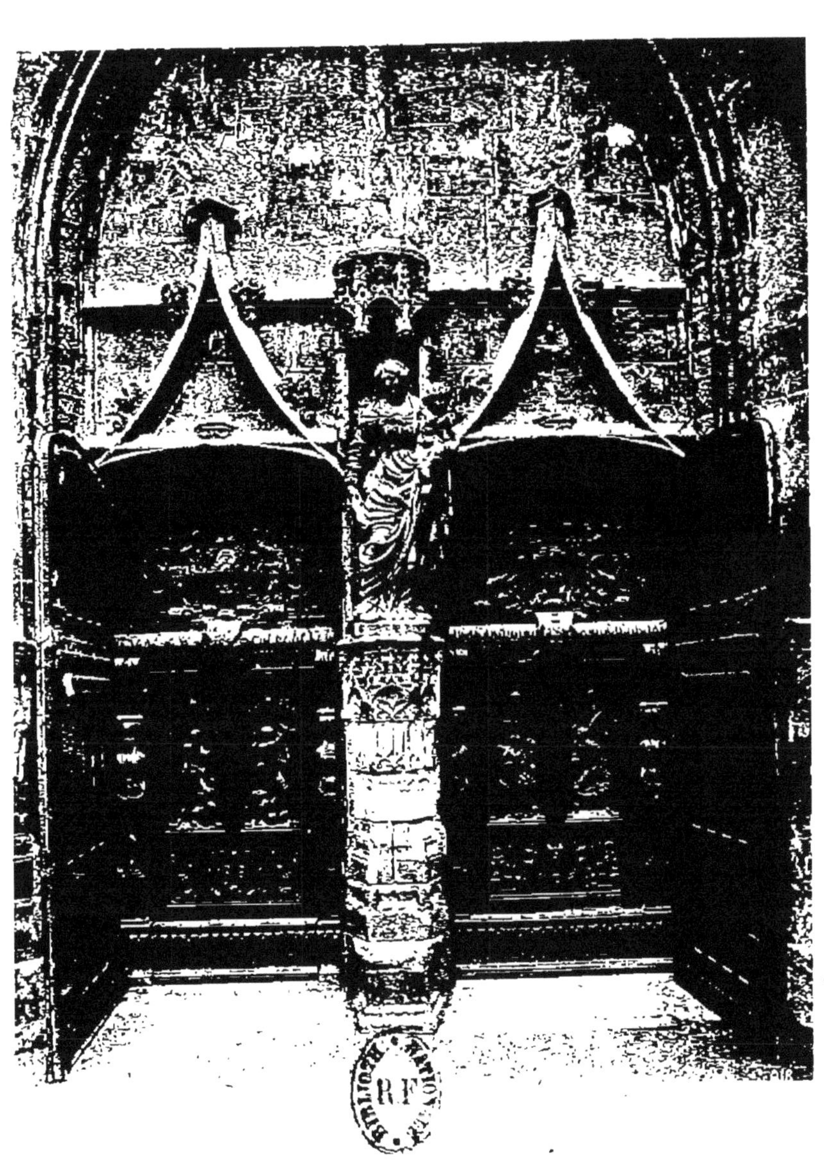

au marteau. L'intérieur, sur le plan de l'église du *Gesù*, à Rome, est orné de sculptures tout alentour : mais on a dû remplacer dans l'abside un beau retable perdu, par une lourde statue de la Vierge d'un effet médiocre. Un tableau remarquable de N. Mignard, la *Visitation de la Vierge*, est jusqu'à présent le seul ornement de cette chapelle, qui n'a été qu'en 1857 restaurée et rendue au culte.

Simon de la Brosse, abbé de Cluny, avait reçu du pape Urbain V, en dédommagement du Prieuré du Pont-de-Sorgues, l'investiture du palais dit du roi de Majorque [1]. L'abbé en avait pris possession, en payant au dernier propriétaire, Hugues de Baux, une somme de quinze cents florins, et peu après, l'un de ses successeurs, Jacques de Causans, en avait fait, en le réédifiant, un collège sous le nom de SAINT-MARTIAL. L'église de ce collège est presque intacte ; l'abside sert aujourd'hui au culte réformé. Les meneaux de la grande baie du Nord, que l'on voit de la rue Joseph-Vernet, au-dessous du clocher, forment une immense et magnifique fleur de lis sans fin. Le reste du collège des Bénédictins, fort entamé

[1] Ce roi de Majorque avait été le troisième et dernier mari de la reine Jeanne.

par la rue de la République, contient cependant encore un musée d'histoire naturelle, le musée Requien, et le laboratoire de l'ingénieur des mines.

Le couvent des CORDELIERS, dans la rue des Lices, où se trouvaient le tombeau de Laure et celui du chevalier de Folard, est aujourd'hui le collège Saint-Joseph. Il ne reste, depuis 1806, que le clocher et la nef de gauche de son ancienne église, dont la voûte passait pour un chef-d'œuvre de hardiesse.

La quatrième paroisse de la ville, SAINT-SYMPHORIEN ou les Carmes, était, en effet, au siècle dernier, l'église du couvent des *Grands-Carmes*. Sa nef est la plus vaste d'Avignon (66 mètres de long et 14 de large) ; la voûte s'écroula en 1762 pour la seconde fois et n'a été refaite qu'en 1836. On y trouve de beaux tableaux de ce Nicolas Mignard, qui paraît avoir consacré sa vie à décorer les églises de la ville, de Sauvan et de plusieurs peintres inconnus.

La façade du couvent même des CARMES s'ouvrait sur la rue Carrèterie ; elle est encore facile à reconnaître aujourd'hui à ses ornements du XVe siècle.

En face, des magasins et des ateliers occupent l'emplacement où s'élevaient le monastère et l'église des Augustins. Il n'en reste que le clocher, une tour carrée à mâchicoulis supportant une cage octogone en encorbellement, terminée par une pyramide tronquée et une armature en fer. Il se dresse comme un minaret au-dessus de maisons basses qui en font ressortir la hauteur, et domine au loin toute cette partie de la ville.

C'est ainsi que l'on rencontre à chaque pas (et nous n'avons nommé que les principaux) les débris des couvents dont la cité des papes était remplie. Mais on ne peut parler d'Avignon sans parler des *Pénitents*. Il n'y en a plus que trois sortes aujourd'hui ; il y en avait six avant la révolution : les violets, les bleus, les rouges, les blancs, les gris et les noirs ; il n'en reste que de ces trois dernières couleurs.

Les Pénitents blancs datent de 1523 ; ils furent affiliés peu de temps après à l'ordre des Dominicains, et ils se glorifient d'avoir compté dans leur compagnie les rois Charles IX et Henri III, Henri de Bourbon, roi de Navarre, le duc d'Alençon, plusieurs légats ou vice-légats, une foule de cardinaux, de princes, d'archevêques et de grands seigneurs, dont les noms sont inscrits sur le livre d'or de la confrérie. Dans la suite de leurs recteurs se rencontrent toutes les illustrations du Comtat.

La vieille église de Notre-Dame-la-Principale, fondée en 930 par Bozon, comte de Provence, et reconstruite au XVe siècle, leur sert de chapelle. De beaux tableaux de Pierre Mignard le Romain, un *Saint Simon Stock recevant le scapulaire*, de Mignard, et de Ch. Parrocel l'*Ange assis sur la pierre du tombeau*, méritent l'attention des visiteurs.

Les PÉNITENTS GRIS ont une singulière église, non loin des Cordeliers, dans cette curieuse rue des Teinturiers dont la Sorgue occupe la moitié. Vous passez sur un pont et vous entrez dans un long vestibule au plafond lambrissé. En le suivant vous arrivez « à une petite rotonde décorée de moulures corinthiennes. Cette rotonde s'ouvre elle-même sur une nef hexagonale voûtée en arc de cloître entrecoupé d'une multitude de nervures qui forment les dessins les plus variés. Deux autres nefs à voûte ogivale partent de la première. Celle qui se dirige vers le nord est la plus spacieuse, elle sert de chœur aux membres de la confrérie; son abside est ornée d'un autel en marbre précieux que surmonte une superbe exposition, remarquable comme travail de dorure. » [1]

[1] *Guide de l'étranger dans la ville d'Avignon et ses environs*, par A. CANRON.

Cette confrérie date du XIIIe siècle. Elle fut fondée par le roi Louis VIII après la prise de la ville, et elle a pour but principal l'adoration du saint Sacrement, qui reste continuellement exposé dans son église.

On y voit des tableaux remarquables de N. Mignard, de Pierre Parrocel, de Simon de Châlons, les peintres ordinaires des églises avignonaises, et quelques toiles d'auteurs inconnus, comme la *Flagellation* et la *Sainte Famille*.

Un colonel de l'infanterie du pape, Pompée Catilina de Rieti, fut, en 1586, le fondateur des PÉNITENTS NOIRS *de la Miséricorde*. C'était essentiellement une société de bienfaisance, qui avait pour principal objet de visiter et de secourir les prisonniers. Ils accompagnaient aussi au supplice les condamnés à mort, et se chargeaient, après avoir pourvu à leur sépulture, de prier pour eux. Dès 1616 ils obtinrent le droit de gracier un criminel le jour de leur fête, celle de la *Décollation de saint Jean-Baptiste* : une jeune fille fut la première à profiter de ce beau privilège. Au soin des prisonniers, ils joignirent dans la suite celui des aliénés, dont l'hospice fut bâti à côté de leur chapelle. Dans ces dernières années, cet hospice a été transféré à Montdevergues, et les Pénitents de la Miséricorde ne s'occupent plus que des prisons. Chaque dimanche, l'un d'eux, dans sa robe noire, la cagoule, avec deux trous pour les yeux, rabattue sur la tête, va le matin par les rues, comme un revenant du moyen âge, agitant sa sébile et psalmodiant la phrase consacrée : Pour les pauvres prisonniers, s'il vous plaît !

C'est à l'occasion de la Fête-Dieu que deux de ces sociétés d'édification mutuelle déployaient toute la pompe de leurs processions particulières. Il faisait beau voir alors la rivalité des Noirs et des Blancs. Mais dans ces longs cortèges combien de faux pénitents n'étaient-ils pas enrôlés pour un jour ! Quant aux Pénitents gris, ils ne sortent — ou ne sortaient, — que tous les vingt-cinq ans, et c'est pour perpétuer le souvenir de l'amende honorable infligée par Louis VIII aux Albigeois d'Avignon. Toute la Provence accourait à cette curieuse cérémonie.

LES ÉDIFICES CIVILS.

Avignon est surtout un musée d'églises et de débris religieux. Il y a cependant aussi quelques beaux édifices civils à visiter.

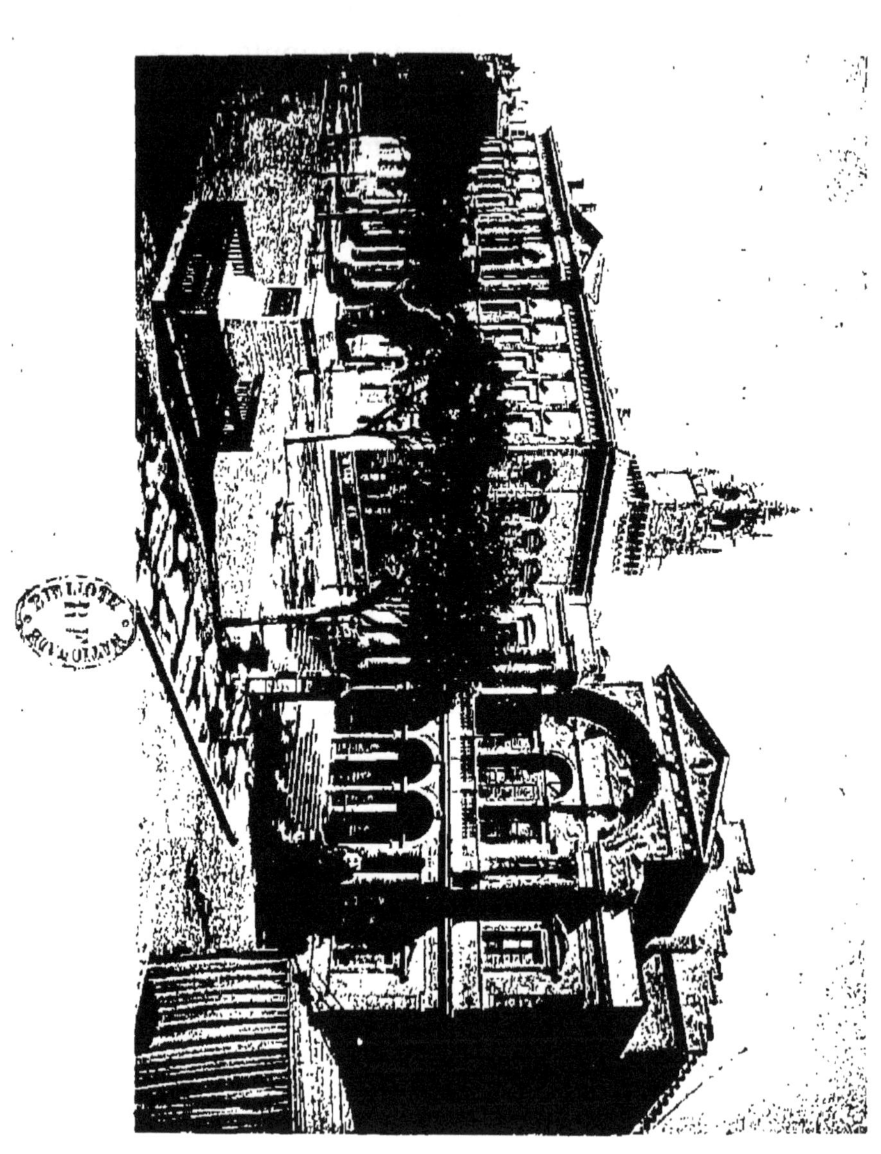

L'Hôtel de ville est trop neuf pour plaire beaucoup aux amateurs d'antiquités. Il a certainement le grand tort d'avoir remplacé sans nécessité, en 1845, l'hôtel du XVe siècle, dont la physionomie s'accordait bien mieux avec celle des principaux monuments de la ville. En réalité, la place de l'Horloge, comme on l'appelle vulgairement, et la rue de la République qu'elle commande dans toute sa longueur, forment, au milieu de l'antique Avignon, comme une cité à part, et, malgré le peu de distance qu'il y a entre cette place de l'Hôtel-de ville et la place du Palais, cinq siècles les séparent.

Telle qu'elle est, la nouvelle maison commune a un aspect imposant. Les ornements et les moulures de la façade, les huit colonnes corinthiennes en marbre de Crussol qui décorent l'entrée principale, la colonnade intérieure du vestibule, éclairée d'une immense lanterne, les galeries à double étage qui desservent les bureaux et la salle des fêtes, en font un édifice vraiment digne d'une grande ville. La tour de l'horloge, un précieux reste du vieil hôtel, contient les archives de la cité et mêle sa voix à toutes les émotions populaires. Le beffroi municipal ne sonne pas seulement en effet pour annoncer à coups pressés les incendies ; fidèle à l'antique tradition, il appelle encore au conseil les représentants de la commune, et, à la suite des élections, un peu trop indifférent peut-être à l'opinion qui l'emporte, il retentit pour célébrer, quelle qu'elle soit, la décision du suffrage. Mais qui donc, si ce n'est lui, aurait le droit d'être sceptique en ces matières ?

Il y a près de cinquante ans, le THÉATRE[1] d'Avignon brûla ; les Avignonais n'y ont rien perdu. La nouvelle salle de spectacle, bâtie en 1845 sur l'emplacement de l'ancienne, à côté de l'hôtel de ville, est l'une des plus jolies de la province. L'entrée est ornée des statues monumentales de Corneille et de Racine, que M. Brian a représentés assis. La façade est charmante et décorée de motifs empruntés pour la plupart à la Provence. Les médaillons de Pétrarque et du roi René, l'enfant qui joue du tambourin et du galoubet, Vaucluse, à demi étendue sur un lit de rochers ; la Durance dans les roseaux et les lauriers-roses, tenant à la main la viole gothique des trouvères, les emblèmes poétiques, les attributs d'art et de

[1] Cette salle de spectacle avait elle-même remplacé le joli mais trop petit théâtre dont Pierre Mignard avait élevé la façade, et que l'on voit encore sur la *place Crillon*, en face de la porte de l'Oulle.

théâtre au milieu desquels se trouve le buste d'Apollon ; enfin, tout au sommet, les deux groupes d'enfants agenouillés, qui soutiennent les masques comique et tragique, forment, au-dessus des arcades du péristyle, avec le balcon et les grandes baies du foyer, un ensemble plein de grâce et de légèreté. M. Léon Feuchère en avait donné les dessins.

Il n'y a pas de salle mieux disposée à l'intérieur, ou décorée avec plus de goût. Elle contient trois rangs de galeries et un parterre entièrement à découvert. C'est là, c'est dans leur parterre, qu'il faut voir les Avignonais d'aujourd'hui. Musiciens dans l'âme et incapables de contenir leurs émotions, ces enfants du Midi, s'ils se passionnent pour les artistes qui répondent à leur attente, n'épargnent pas ceux qui la trompent, et il serait difficile de trouver des juges plus sévères — un peu bruyants peut-être, — mais en même temps plus justes.

Au fond de cette belle place, plantée de deux rangées de platanes, en face du théâtre, s'élève la statue de Crillon pour qui l'on connaît l'amitié d'Henri IV : « Brave Crillon, lui écrivait ce prince, vous savez comme estant roy de Navare je vous aymois, estimois et fesois cas de vous ; depuis que je suis roy je n'en fais pas moins et vous honore autant que gentilhomme de mon royaume, ce que je vous prie de croire et en faire estat. Sur ce, brave Crillon, Dieu vous ait en sa sainte garde. Henry. » Le surnom lui en est resté. La lettre, datée du camp devant Amiens, qui commence par ces mots : « Brave Crillon, pendés vous de n'avoir pas esté ici près de moi lundi dernier.... » est encore plus célèbre. Mais le *lieutenant-colonel de l'infanterie française*, tel que l'a représenté en bronze, le sculpteur Louis Véray de Barbentane, a peut-être la physionomie d'un soudard entêté plus que celle d'un brave.

L'Hôtel de l'Archevêché et celui de la Préfecture n'offrent rien de remarquable. Le premier est en face de l'hôtel de ville : on y voit une collection de portraits copiés à Rome, des papes qui ont siégé à Avignon. Le second, derrière la rue Saint-Agricol, est l'ancien hôtel de Forbin, après avoir été d'abord le collège du Roure. Il s'est agrandi récemment de l'hôtel de Verclos, et l'on a construit dans les dépendances de cette annexe une belle salle pour les réunions du Conseil général. Tout auprès, l'hôtel de Baroncelli Javon, dont la porte est ornée de branches de chêne en forme de clochetons et de meneaux flamboyants de la fin du xve siècle, contient un salon tout décoré de peintures par P. Parrocel.

L'ancien collège des Jésuites, le LYCÉE depuis 1810, est composé de deux corps de bâtiments réunis, au-dessous et au-dessus de la rue *du Lycée*, par un tunnel et par un arceau assez hardi, qui date de 1673. Dans la partie septentrionale, celle qui fait face à l'église Saint-Didier, s'élève la tour de la Motte, le reste le plus important du palais de ce cardinal, que la ville acheta en 1654 pour le donner aux Jésuites. C'est là que fut établi au XVIIe siècle le premier observatoire de France, et l'on y conserve les projections uranographiques du savant et célèbre Jésuite allemand, le P. Kircher, qui admirait le ciel d'Avignon à l'égal du ciel d'Égypte, *cœlum Ægyptiacum*.

Sur la place Pie s'étale, surtout en été, aux jours de grands marchés, la nature méridionale dans toute son exubérance et avec toute la variété de ses fruits et de ses produits : ici, d'énormes oignons entassés en murailles, qui rappellent, eux aussi, des souvenirs d'Égypte; là, les melons de Cavaillon, les pastèques à la chair rose tachée de graines noires dans leur enveloppe d'un vert foncé. Les coiffures du Comtat se mêlent à celles de la Provence, le petit bonnet de piqué blanc au large ruban de velours noir ; le français et le provençal se croisent et se confondent dans un brouhaha plein de gaieté.

A côté des Halles, se dresse la vieille tour des HOSPITALIERS DE SAINT-JEAN DE JÉRUSALEM. On l'a habilement restaurée, ainsi que les bâtiments crénelés qui en dépendent, et les enfants d'une salle d'asile, les élèves d'une école communale, remplacent maintenant les chevaliers du XIIe siècle.

Presque en face de Saint-Jean-le-Vieux, le PALAIS DE JUSTICE occupe les bâtiments de l'ancien séminaire de Sainte-Garde. La salle des audiences date de 1856 et la chapelle de 1775. Les assises du département de Vaucluse se tiennent, non à Avignon, mais à Carpentras.

La nouvelle SYNAGOGUE, près de la rue du Vieux-Septier, a été bâtie depuis 1845, après un incendie, sur l'emplacement de l'ancien temple des Israélites. C'est une élégante rotonde avec une double rangée de galeries. Dans le quartier qui l'entoure, on enfermait, la nuit, sous la protection du pape, les juifs qui étaient souvent en butte aux accusations populaires dès qu'il se déclarait quelque calamité publique. Il y a encore à Avignon beaucoup de ces belles juives que le président de Brosses admirait; mais elles ne sont plus obligées de porter à leur coiffure un ruban d'une certaine couleur qui changeait à l'avènement de chaque pape.

Le MONT-DE-PIÉTÉ, le plus ancien de France, car il fut créé en 1577, — deux cents ans avant celui de Paris, — est depuis le commencement du XVIIe siècle dans une dépendance de l'ancien palais du cardinal de Saluces.

Enfin l'HÔTEL-DIEU, non loin des remparts et de la porte Saint-Lazare, au milieu de vastes jardins, a remplacé, au XVIIIe siècle, l'hôpital fondé dès 1354, sous le titre de Sainte-Marthe, par le chevalier Bernard de Rascas. Sa façade, élevée, dit-on, par Pierre Mignard, sur les plans de Mansard, n'a pas moins de 175 mètres de longueur. C'est un des plus beaux édifices que la charité ait consacrés aux soulagements des misères humaines.

LES MUSÉES.

Il y a deux musées à Avignon, le MUSÉE REQUIEN et le MUSÉE CALVET, du nom de leurs fondateurs.

Le premier, dans l'ancien collège des Bénédictins, est un musée d'HISTOIRE NATURELLE

M. Requien, mort en 1851, avait donné de son vivant ses collections et ses livres à la ville où il était né. De là une importante bibliothèque d'histoire naturelle et un musée déjà fort remarquable, qui s'accroissent l'une et l'autre tous les jours. Indépendamment de richesses qui ne se rencontrent pas dans tous les musées de ce genre, une salle renferme toutes les productions géologiques et minéralogiques du département de Vaucluse, distribuées par communes. Sous la direction du savant M. Fabre, dont les travaux ont longtemps illustré Avignon, une grande impulsion a été donnée aux recherches scientifiques ; bon nombre d'objets qui remontent aux premiers âges de l'humanité, ont été alors découverts dans les environs, et ont servi à enrichir ce musée.

La bibliothèque de la ville et le musée Calvet [1], occupent dans la même rue, la rue Joseph-Vernet, l'ancien hôtel Villeneuve. Cette belle maison est bien digne des trésors qu'elle contient.

La Bibliothèque, ouverte de 10 heures du matin à 4 heures de l'après-midi, les lundi,

[1] On fait d'importants travaux pour agrandir ce musée. A l'entrée, la nouvelle porte en fer forgé, chef-d'œuvre de serrurerie, est signée par un artiste avignonais, M. Biret.

mardi, jeudi et vendredi de chaque semaine, et, en outre, depuis 8 heures du soir jusqu'à 10 heures, les mêmes jours, en hiver, compte environ cent sept mille volumes, parmi lesquels un grand nombre d'incunables et une précieuse collection d'ouvrages relatifs à l'histoire des provinces méridionales de la France. Il faut ajouter à ces livres près de deux mille cinq cents manuscrits, classés et catalogués, dont beaucoup sont enluminés et ornés de miniatures. Les plus beaux sont le missel de Clément VII, les heures du bienheureux Pierre de Luxembourg et le psautier du maréchal de Boucicaut.

Le MÉDAILLIER renferme près de vingt-cinq mille pièces de toute provenance, grecques, romaines, gauloises, royales, ecclésiastiques, etc.

Des trente-et-une inscriptions grecques, quelques-unes ont été trouvées dans le pays, les autres viennent du musée Nani, de Venise. Cent quatre-vingts inscriptions latines environ, romaines ou gallo-romaines, dont la plupart ont été découvertes à Vaison, une soixantaine d'inscriptions du moyen âge ou de la renaissance, une inscription sur plomb en caractères inconnus et qui paraissent remonter à une haute antiquité, enfin une stèle punique complètent cette belle collection épigraphique.

La Sculpture antique est représentée par un grand nombre de statues, de bustes, de torses, de bas-reliefs et de précieux débris de toutes sortes. La plupart des cités de la Gaule ont contribué à former ce trésor d'antiquités, auquel il faut joindre quarante-six marbres du musée Nani, acquis en 1841.

Vers le commencement de 1886, au pied d'une colline, non loin de la route d'Italie et sur le territoire de Pourrières (Var), Marcelin Gautier cultivait son champ, quand il découvrit à une faible profondeur, au milieu de débris de toutes sortes, fûts de colonnes, chapiteaux, marbres et porphyres de couleurs variées, fragments de mosaïques et de sculptures, la charmante statue qui est maintenant dans le grand vestibule du musée Calvet. Elle est malheureusement mutilée, la tête et le bras droit sont perdus. Mais ce qui reste est d'un beau travail. Quoique plus petite, elle n'est pas sans analogie avec la Vénus de Milo. Les draperies sont disposées à peu près de la même manière, les jambes ont la même position ; mais le torse a un mouvement inverse. Le bras gauche, replié le long du corps, retient une partie du vêtement. Le bras droit était relevé ou s'appuyait peut-être sur un autre personnage. Était-ce une *Vénus anadyomène*, comme le ferait supposer le dauphin figuré à sa gauche, ou une *Victoire aptère* placée dans un temple destiné à rappeler la défaite des Teutons? Je laisse aux érudits le soin de décider.

C'est ici encore qu'il faut voir toutes les épaves du grand naufrage que la révolution a produit à Avignon comme ailleurs. Une infinité de SCULPTURES DU MOYEN ÂGE ET DE LA RENAISSANCE, retirées, en pièces le plus souvent, des palais, des églises et des couvents ruinés, ont été pieusement recueillies. Les tombeaux d'Urbain V, du cardinal de Lagrange, du cardinal de Brancas et du maréchal de la Palice ont aussi trouvé un refuge au musée, où ils excitent, sans doute, plus de curiosité que de recueillement, mais où ils servent, par la beauté ou la bizarrerie de leur décoration, à l'étude et aux progrès des artistes.

Dans la foule des objets d'archéologie proprement dite, réunis pour la plupart dans deux salles du premier étage et qui composent une des collections les plus riches de France, on remarque surtout une excellente petite caricature de Caracalla représenté en marchand de petits pâtés ; une enseigne romaine en bronze fort bien ciselée ; un buste de Jupiter en calcédoine ; une statuette en argent du même dieu, un bel Apollon en bronze, et toute la vaisselle en cuivre et en bronze d'un temple, c'est-à-dire 31 vases plus ou moins ornés, trouvés avec une belle lampe votive en bronze, une figure de Faune, divers fragments de marbre, six petits bronzes du bas-empire et neuf épingles d'ivoire. Cette curieuse découverte a été faite à Apt, en 1886, pendant qu'on creusait un puits dans la remise de M. Reboulin.

Signalons aussi trois belles mosaïques. L'une d'elles donne la vue *à la cavalière* d'une ville ou d'un camp fortifié avec des tours carrées. Des deux autres qui sont magnifiques, on a trouvé la première à Vaison, en 1858, en creusant une cave. Elle représente Narcisse se mirant dans le cristal d'une fontaine, et ce sujet principal est entouré de caissons variés, où figurent des dragons, des hippocampes, des poissons, des oiseaux avec toutes sortes d'ornements près de la bordure extérieure. La dernière enfin, découverte en 1884, dans le jardin des Frères Maristes de Saint-Paul-Trois-Châteaux, et qui a pour motif principal le mariage d'Hercule et d'Hébé, n'a pas encore pu être restituée tout entière, faute d'un emplacement suffisant.

Le merveilleux Christ en ivoire que les

pénitents noirs ont longtemps gardé dans leur chapelle, est maintenant au musée Calvet. La légende rapporte qu'un criminel nommé Guillermin, condamné à mort et sur le point d'être exécuté, racheta sa vie en offrant ce chef-d'œuvre aux pénitents de la Miséricorde. Ce Guillermin était en réalité un artiste sculpteur, de passage à Avignon en 1659, à qui les pénitents noirs de la Miséricorde confièrent une dent d'éléphant, longue de deux pieds trois pouces, du poids de 73 livres, et qui en fit sortir, pour le prix de quarante écus blancs, cette figure saisissante de vérité et d'expression [1].

Les œuvres les plus remarquables de la galerie de SCULPTURE MODERNE sont un *Berger avec son chien*, œuvre du XVIe siècle, la *Cassandre*, de Pradier ; le *Faune*, de Brian, et son *Mercure* qui lui valut, après sa mort, la grande médaille d'honneur à l'exposition de 1864 ; la *Moissonneuse endormie*, de Véray ; la *Baigneuse*, d'Espercieux ; l'*Art étrusque*, de Simian ; la *Jeune Indienne*, du baron Bosio, et le groupe des *Poètes provençaux*, *Mistral*, *Aubanel* et *Roumanille*, par Amy. On y trouve aussi une réduction du *Moïse* de

[1] V. la *Notice des statues, bustes, etc. du musée Calvet*, 1881, in-8°.

Michel-Ange, une autre du *Milon de Crotone* de Puget. Parmi les bustes, les plus intéressants sont le buste colossal, en marbre, de *Cuvier*, par David d'Angers, et les bustes en bronze du Dr Yvaren et de M. de Pontmartin, par Bastet.

Les TABLEAUX [1], au nombre de 572, sont fort bien placés dans de grandes salles qui donnent sur un jardin solitaire, planté de beaux arbres. « Il règne en ce lieu, dit Stendhal, une tranquillité profonde qui m'a rappelé les belles églises d'Italie... J'ai passé deux heures délicieuses à rêver dans ce musée. »

Toutes les écoles, depuis le XIVe siècle jusqu'à nos jours, y sont représentées. Nous signalerons particulièrement les toiles suivantes :

Pour les écoles étrangères : Amphitrite sur son char, attribué à l'*Albane* ; Jésus-Christ en visite chez Marthe et Marie, de *Bassano* ; le Christ porté au tombeau, du *Caravage* ; trois paysages, de *Salvator Rosa* ; Polyphême et Galatée, d'*Annibal Carrache* ; la sainte Vierge et l'Enfant Jésus, de *Sasso Ferrato* ; le Repas du

[1] Le catalogue publié en 1879, le dernier paru, ne compte que 544 tableaux ; 28 ont été acquis depuis cette époque. A ces 572 toiles, il faut ajouter 100 tableaux qui appartiennent au Musée Calvet et qui ont été déposés dans les diverses églises d'Avignon en 1817, en vertu d'une décision ministérielle.

Sauveur chez Simon le Pharisien, d'*Alex. Véronèse* ; une admirable toile de *Luini* représentant la Vierge, l'Enfant Jésus et le petit saint Jean-Baptiste ; un paysage montagneux, de *Berghem* ; l'Abreuvoir, de *Bloemen*; le Jeune homme aux bulles de savon, de *Piazzetta*; le Feu, de *Breughel de Velours* ; deux Kermèsses, de *Breughel le Drôle* ; un Intérieur, de *Téniers le Jeune* ; l'Attaque d'un convoi, par *Van den Velde* ; un tableau allégorique, de *Van Craesbeeck* ; un Calvaire, d'une belle couleur, de *Van Eeckhoudt* ; Crésus montrant ses trésors, de *Franz Floris* ; un paysage, d' *Hobbema* ; un portrait, d'*Holbein* ; un paysage, de *Ruysdael* ; un autre de *Swanevelt*; un portrait, de *Philippe de Champaigne*; — pour les écoles françaises et par ordre alphabétique, deux Faust, saint Martin donnant son manteau, des zingaris et des portraits, d'*A. Bigand* ; le Baptême de Jésus-Christ et les Bacchanales, de *Sébastien Bourdon* ; un paysage, de *Corot* ; la Vue des îles Vierges, à Bezons, de *Daubigny* ; la Mort de Joseph Bara, charmante ébauche, l'un des ouvrages les plus remarquables de *David* ; la Fuite en Egypte et le portrait de M. Calvet, le fondateur du Musée, par *Devéria* ; le Combat de Nazareth, d'après une esquisse de Gros, et une Tête de femme, par *Géricault* ; un Buste de Turc, par *Girodet*; la Réception de Jacques de Molay dans l'ordre des Templiers, de *Granet* ; le Marché d'Avignon, par un peintre contemporain, *M. Grivolas* ; l'Entrée du port du Havre, par *Gudin* ; des paysages de *Paul Huet* ; le portrait de Marie de Mancini, de *Largillière* ; celui de Mme Grassini, par *Mme Vigée-Lebrun* ; celui de la marquise de Forbin abbesse d'un couvent de Provence, à l'âge de quatre-vingt-quatre ans, par *les frères Lenain* ; un Calvaire, de *Renaud Levieux* ; de Jeunes Enfants caressant un agneau, et un beau portrait du Grand-Dauphin, fils de Louis XIV, de *Pierre Mignard* ; saint Bruno en prière, de *Nicolas Mignard* ; une Escarmouche de cavalerie et une Halte d'officiers supérieurs, de *Joseph Parrocel*; la Vierge tenant l'Enfant Jésus, par *Pierre Parrocel*; l'Education d'Achille, de *Regnault*; le second essai en peinture, encore faible, mais intéressant, de *Léopold Robert*, représentant le portrait d'un de ses amis; des paysages de *M. P. Saïn* et de *M. Rapin*; enfin, une jolie esquisse, le Centenier aux pieds de Jésus-Christ, par *Vien*.

Il faut faire une place à part aux tableaux des maîtres qui ont formé comme une dynastie de peintres avignonais, les *Vernet*: leurs œuvres sont assez nombreuses pour avoir permis de composer une *galerie Vernet*. Ce sont d'abord deux panneaux peints par *Antoine* Vernet, le chef de cette famille, des toiles de *François*, un de ses fils, les Marines de *Claude-Joseph*, né à Avignon en 1714 : un Effet de soleil levant, un Effet de soleil couchant, deux Tempêtes; de *Carle*, fils du précédent, le Cosaque et la Course de Chevaux barbes à Rome, et d'*Horace*, fils de Carle, Mazeppa, deux originaux du même tableau. Citons enfin une *Marine* peinte exceptionnellement par le même Horace Vernet, pour glorifier le courage de son grand-père Joseph, qui par amour de l'art, s'était fait attacher, au plus fort d'une tempête, à un mât de navire.

Parmi les DESSINS, on remarque les esquisses originales des ports de France, par *Joseph Vernet*.

Une série de PORTRAITS d'un intérêt local complète ces collections artistiques; on y distingue deux anciens portraits de Laure et de Pétrarque, ceux de Crillon, du connétable de Luynes, du chevalier de Folard, de Fléchier,

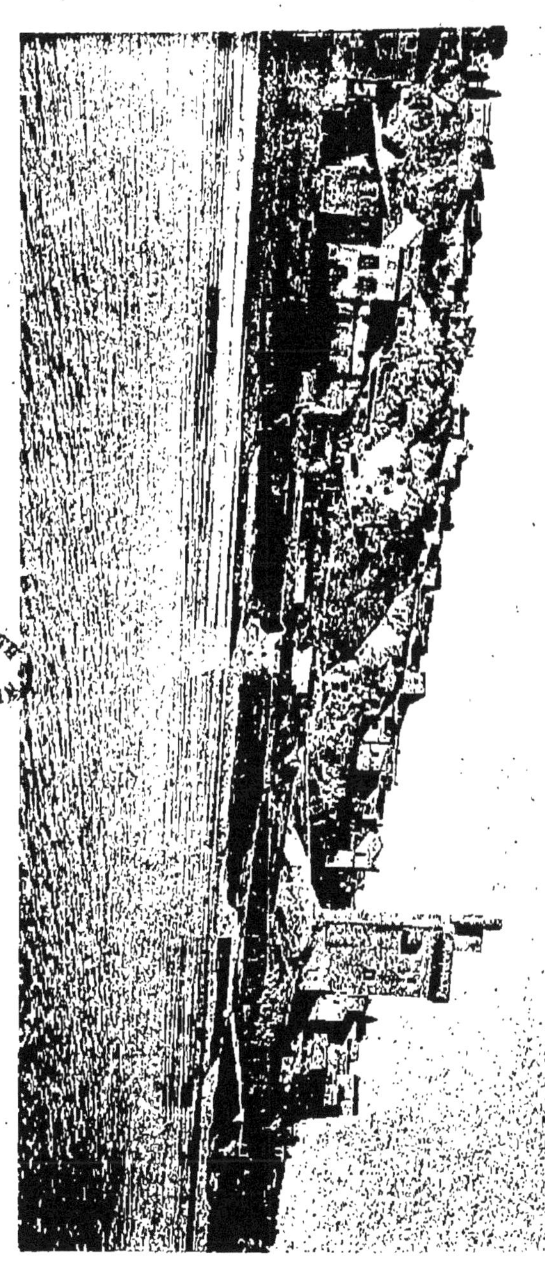

de l'abbé Poulle, qui a son tombeau à Notre-Dame-des-Doms, du cardinal Maury, des sculpteurs Bernus et Péru, des peintres Nicolas Mignard, Parrocel et Joseph Vernet.

Dans ce pays de la lumière, les arts, et particulièrement la peinture, sont en grand honneur. Les Avignonais ont au plus haut degré le sentiment de la couleur et de la beauté; leur ville a fourni plus de peintres de talent, et même de grands peintres, qu'aucune autre ville de province. Aujourd'hui, sous l'ardente inspiration de M. P. Saïn, s'est formée toute une école de jeunes peintres, pleins de talent et de courage, qui hériteront, nous n'en doutons pas, de la gloire de leurs devanciers.

LES PROMENADES. — LES ENVIRONS A VOL D'OISEAU.

Tout autour des remparts, de belles avenues plantées d'arbres, les allées de la porte de l'Oulle et l'île de la Barthelasse dans la partie voisine de la ville, forment des promenades très agréables et fort aimées des Avignonais. La foule que le dimanche ou la moindre fête fait mousser de toutes parts, les remplit de son bourdonnement aux accents divers. Une procession dans les rues, la musique à la porte de l'Oulle en été, le jeu de boules sous les beaux platanes de l'île, une course inoffensive de taureaux dans l'amphithéâtre de Bagatelle, les cafés de la place de l'Horloge et de la rue de la République, déversant sur de larges trottoirs le trop-plein de leurs salles, enfin les lapins sautés et les fritures de l'île Piot [1], ont tous leurs clients, et l'expansion méridionale donne alors à la ville un entrain, une gaieté toute faite de soleil.

La plus fameuse promenade d'Avignon, la plus belle, qui n'a peut-être pas de rivale en France, c'est la promenade du Rocher. Ce bloc calcaire, qui fut le rude berceau de la cité, où l'empereur Auguste avait fait élever, dit-on, un temple au vent du nord, où se dressaient, au temps des papes, à côté du fort Saint-Martin, les deux fortins mal gracieux de *Quiquenparle* et de *Quiquengrogne*, est devenu le principal attrait d'Avignon. On arrive au sommet par des rampes à pente douce, toutes bordées de plantations de pins vigoureuses, et deux magnifiques escaliers, l'escalier du Rhône et l'escalier Sainte-Anne près de la tour Trouillas. Pendant les dernières

[1] On appelle ainsi la partie de la Barthelasse qui est en aval du pont suspendu.

années de l'empire, sous l'administration de M. Pamard, on imagina de défoncer la plate-forme aride et labourée par le mistral où s'élevait solitaire la statue d'Althen, ce Persan qui importa, en 1766, la culture de la garance dans le Comtat, d'y amasser de la terre végétale, de construire un château d'eau, de creuser une rivière et un lac en miniature, de planter enfin un jardin anglais, et ce jardin a merveilleusement résisté à tous les orages.

Mais ce qui fait surtout la valeur de cette promenade, c'est l'admirable panorama qu'elle domine. Montez sur la terrasse du château d'eau tout formé de rocailles, et vous embrasserez d'un seul coup d'œil un paysage que beaucoup de voyageurs n'hésitent pas à comparer aux points de vue les plus célèbres de l'Europe.

Pour en jouir, il faut sans doute un jour favorable ; il ne faut pas que le vent souffle en tempête ; il ne faut pas non plus que la chaleur soit trop vive ; mais il faut du soleil, de ce soleil de la Provence que l'auteur de *Miréio* a chanté si souvent :

« Beù souleù de la Prouvenço,
Gai coumpaire daù mistrau,
Tu qu'escoules la Durenço
Coumo un flot de vin de Crau,

Fai lusi toun blound caleu,
Fai te veire, beù souleù,
Leù ! leù ! fai te veire, beù souleù ! [1] »

Ces belles journées ne sont pas rares ici et le spectacle est alors éblouissant. Dans un cadre immense que forment, au nord-est et au nord, le superbe mont Ventoux et les dernières ramifications des Alpes et du Dauphiné, à l'ouest les coteaux des Cévennes tout chargés de villas, au midi les Alpines dentelées, et à l'est les contre-forts du Luberon, le Rhône, dans ses deux bras puissants embrassant la grande île de la Barthelasse, se précipite au-devant de la Durance qui déroule au midi comme un large ruban d'argent, et, dans le vaste triangle borné par les eaux de ces fleuves, s'étend la riche plaine du Comtat, toute coupée de canaux, toute parsemée d'arbres, toute couverte de villages.

Ce qu'il serait impossible de rendre, ce qui frappe surtout dans ce magnifique tableau, c'est l'éclat de la lumière, c'est la vivacité des tons et de leurs contrastes, c'est la netteté

[1] « Beau soleil de la Provence, gai compagnon du mistral, toi qui fais couler la Durance comme un flot de vin de Crau, fais briller ton blond flambeau, fais-toi voir, beau soleil, *leu ! leu !* fais-toi voir, beau soleil ! » F. MISTRAL.

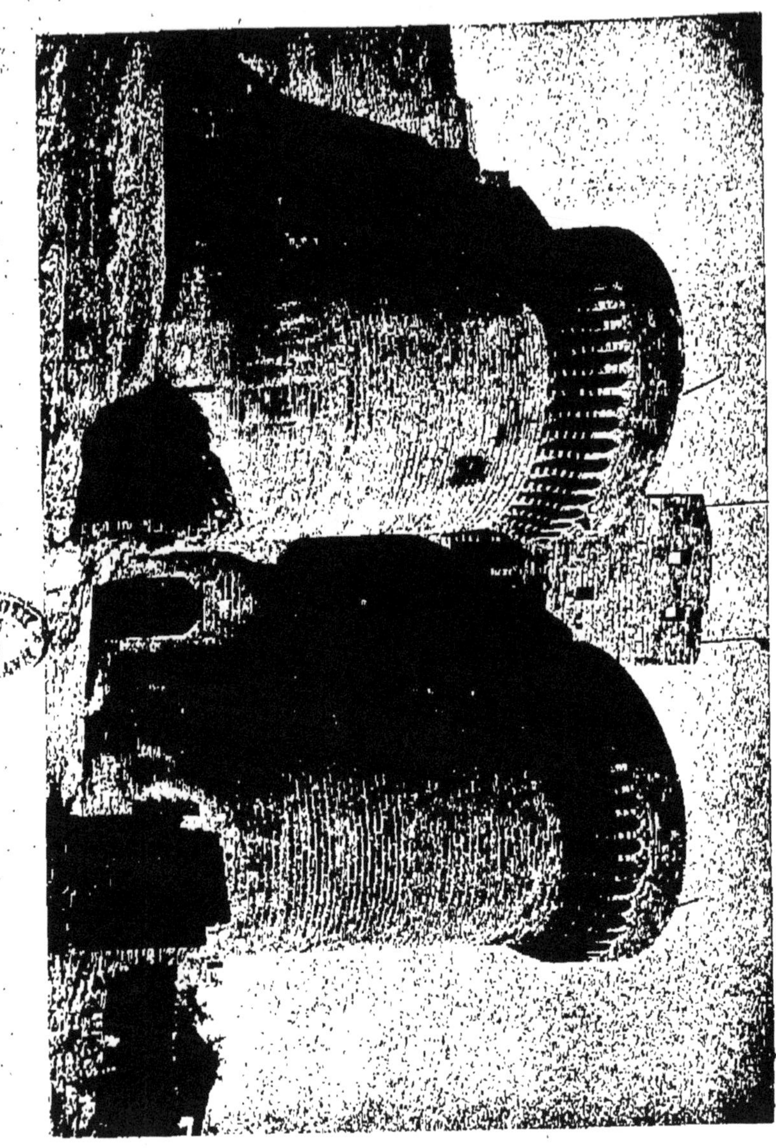

avec laquelle toutes les lignes se détachent et les contours se profilent sur la pureté d'un ciel incomparable.

De l'autre côté du Rhône, dans le Gard, en face du Rocher, sur une hauteur isolée, comme il l'est lui-même, se dresse l'enceinte fortifiée de l'abbaye, aujourd'hui rasée, des Bénédictins de Saint-André, dont la porte, flanquée de deux tours rondes, est un des monuments les plus remarquables de l'architecture militaire au moyen âge ; elle domine la curieuse ville de Villeneuve.

L'église de Villeneuve, bâtie par le neveu de Jean XXII, le cardinal Arnaud de Via, et dont le clocher carré s'élève entre l'abbaye et la tour de Philippe le Bel contient une belle *Descente de Croix*, quelques bons tableaux de Renaud Levieux, et, à la sacristie, une précieuse vierge en ivoire, du XIVe siècle.

Non loin de là, l'Hôpital est à visiter. Il renferme, dans un musée intéressant, un assez grand nombre de tableaux anciens, d'anciennes gravures et beaucoup de curiosités diverses. C'est dans sa chapelle que l'on a recueilli le tombeau d'Innocent VI, de même style que celui de Jean XXII ; il était encore, il y a quelques années, dans les ruines de la Chartreuse, où il servait d'armoire à un pauvre vigneron. Innocent VI avait fondé cette Chartreuse, dite du *Val-de-Bénédiction*, dont les restes couvrent une grande surface au pied du fort Saint-André, et dont une chapelle contient encore des fresques précieuses.

Villeneuve était, en France, comme l'antichambre des papes. Nulle part, si ce n'est peut-être dans certaines villes d'Italie, le passé ne fait avec le présent un plus saisissant contraste ; nulle part les ruines ne se mêlent plus étroitement aux maisons modernes, la mort à la vie. De grands hôtels béants [1], tout chargés de sculptures dégradées, souillées ; d'immenses constructions qu'il est aussi difficile d'entretenir que d'utiliser ; de pompeuses entrées qui s'ouvrent sur le vide : des cloîtres où les ronces croissent en liberté ; des salles dont la voûte s'est écroulée ; des palais monastiques où des pauvres se taillent à grand'peine un abri : une impression de mélancolie, de tristesse, que la gaieté même du ciel et l'animation d'une population industrielle et agricole ne parviennent pas à dissiper, voilà l'impression, et elle n'est pas sans charme, d'une excursion à Villeneuve.

[1] Notamment l'hôtel de Conti et le palais du cardinal Pierre de Thury.

Tous ces coteaux escarpés des Cévennes où le pâle feuillage des oliviers se mêle à la verdure foncée des thuyas et des cyprès, offrent partout d'admirables points de vue, et c'est devenu la mode pour les riches avignonais d'y bâtir leurs maisons de campagne. A gauche des deux ponts (un pont suspendu [1] et un curieux pont de bois) qui ont remplacé le pont Saint-Bénézet, s'élève à pic le rocher de la *Justice*, d'où le capitaine d'artillerie Bonaparte fit canonner Avignon accusée alors de fédéralisme. Plus loin, on aperçoit le village *des Angles*, perché au bord d'un rocher à pic, et plus loin encore, au midi, le beau château, admirablement restauré, de l'ancienne famille de *Forbin des Issarts*. Au nord, une tour de l'ancien télégraphe et une tour des templiers, sur deux sommets voisins l'un de l'autre, marquent deux stations préhistoriques. Au delà le bourg de *Roquemaure*, caché dans les replis de la montagne, occupe probablement le lieu où Annibal fit passer le Rhône à ses soldats. Tout le long de ce rivage, du reste, on

[1] On vient de transformer ce pont suspendu par d'intéressants travaux, qui en assurent la solidité et la *rigidité*, selon le système de la maison Arnaudin frères, et il est question de remplacer le vieux pont de bois par un pont de cette nouvelle méthode.

retrouve encore aujourd'hui des *tumuli* qui désignent comme les étapes de cette grande armée.

Sur la rive gauche, le village de *Châteauneuf des papes* domine la montagne qui est à peu près exactement au nord d'Avignon. La tour, qui subsiste seule au sommet, faisait partie d'une résidence très aimée des papes et d'abord d'une vicairerie des Templiers. Le baron des Adrets fit mettre le feu à ce château. Naguère encore, le vin de Châteauneuf et surtout celui du vignoble de la *Nerthe* étaient fort appréciés ; le phylloxera n'en a laissé que le souvenir.

A droite, le mont Ventoux élève à 1911 mètres sa tête pendant dix mois couverte de neiges. Aujourd'hui complètement dépouillé des forêts de hêtres et de pins que Pétrarque eut tant de peine à traverser pour en faire l'ascension, il prend vers le soir d'admirables teintes roses et bleues qui font ressortir les moindres détails de ses crevasses. C'est comme une énorme vague figée, près de laquelle bouillonnent immobiles de moindres sommets.

Tout au bas, une ligne blanche représente l'industrieuse et intelligente ville de Carpentras.

Au levant, parmi les collines qui montent vers le Luberon par degrés, une sombre anfractuosité marque l'emplacement de la fontaine de Vaucluse, cette source de poésie pour les touristes, de richesses pour le Comtat. Le chemin de fer de Gap l'a mise à la porte d'Avignon, et c'est une excursion facile que d'aller en pèlerinage à travers les jolies petites villes du Thor, de Lisle, et le charmant village de Vaucluse, à cette *vallée fermée*, aride et rocailleuse, au fond de laquelle s'ouvre le gouffre insondable d'où jaillit la Sorgues. Tantôt, quand les eaux sont basses, on peut descendre dans l'entonnoir où dort la nappe sombre, et si l'on y jette une pierre, on la suit des yeux indéfiniment dans sa chute ; tantôt cette nappe s'enfle, s'élève, atteint le figuier légendaire, poussé, l'on ne sait comment, dans une crevasse de l'énorme rocher dont la paroi verticale, abrupte, ferme la vallée, et, à gros bouillons s'échappe en une rivière qui, dès sa naissance, porte bateau. Plus bas, cette eau limpide et fraîche sourd encore de mille canaux ; le bruit de ces cascades trouble seul le silence de cette incomparable solitude. Sur une hauteur, à droite, les ruines du château de l'évêque de Cavaillon, de Cabassol, l'ami de Pétrarque, ajoutent à la beauté du site ; mais on regrette que la maison plus humble du poète et le jardin « où les nymphes venaient souvent le visiter », aient complètement disparu.

Au sud-est, on aperçoit encore l'antique Chartreuse et le pont de Bonpas ; au sud, par delà la Durance, dans les Bouches-du-Rhône, les deux tours jumelles de Château-Renard, et, à droite, plus près du confluent de la Durance et du Rhône, sur des collines qui justifient bien le surnom de la Provence, « cette gueuse parfumée, » le village et la belle tour de Barbentane.

Derrière le palais des papes, les Alpines, dont les faîtes déchiquetés paraissent être le haut d'un mur crénelé, bornent au midi l'horizon. Sur un de leurs sommets, les ruines étonnantes des Baux : un château-fort démantelé et une ville abandonnée, qui ont gardé la terrible empreinte de Richelieu, se dressent près de l'inextricable fouillis de roches où le Dante trouva l'inspiration sous laquelle il composa l'*Enfer* de sa Divine Comédie. A leurs pieds, la petite ville de Saint-Remy, l'antique *Glanum*, dont les carrières souterraines ont fourni tous les matériaux du palais et près desquelles on admire, dans une solitude poétique, deux monuments romains qui

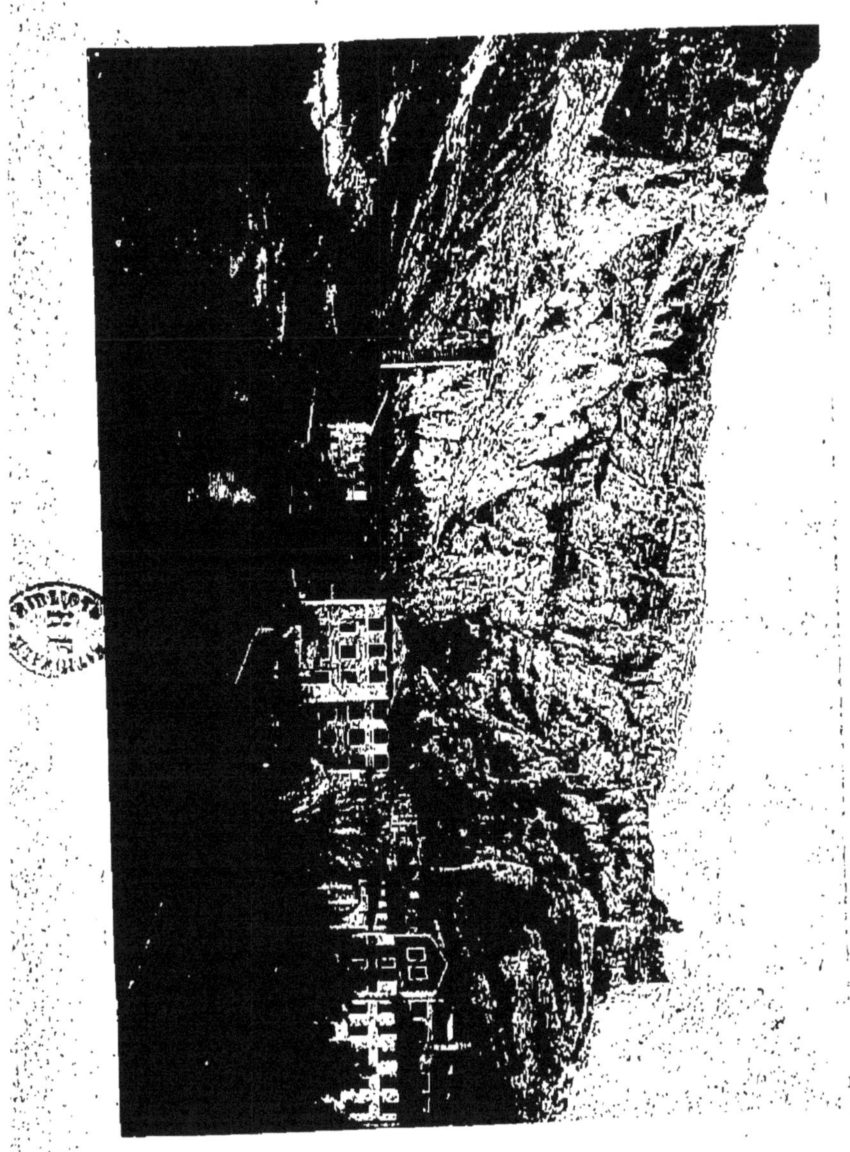

n'ont pas encore dit leur secret : un arc de triomphe et un tombeau.

Plus près d'Avignon, dans la plaine même du Comtat, l'importante bourgade de Sorgues, le village du Pontet, ceux de Morières et de Montfavet à l'église fortifiée, non loin de la tour d'Espagne, reste d'un couvent de Dominicains, et l'asile d'aliénés de Montdevergues, jettent leurs notes blanches dans ce paysage ensoleillé. Çà et là de hautes cheminées d'usines apparaissent par dessus la cime des arbres, et d'antiques débris d'abbayes, Saint-Véran, Saint-Ruf, font une tache grise parmi les claires maisonnettes de la banlieue.

Enfin la Barthelasse, ce présent du Rhône, formée d'une sorte d'archipel récemment réuni en une seule île, presque chaque année recouverte et fécondée par le fleuve, étale en amont, à perte de vue, ses grasses cultures bordées de saules et de peupliers. Au nord de cette île, longue de plus de quatre kilomètres, un fort barrage rejette dans le petit Rhône les eaux, qui tendent à se porter de plus en plus au couchant ; sans lui, la ville resterait bientôt à sec : la Barthelasse viendrait se souder au rivage.

Il n'y a pas de parallèle à établir entre la campagne romaine et les environs d'Avignon : ce n'est pas la même nature. Mais en face de ce merveilleux horizon, peut-être comprend-on mieux que les papes se soient peu pressés de retourner en Italie.

Ce beau département de Vaucluse, l'un des plus petits, mais l'un des plus fertiles de France, a été cruellement éprouvé dans ces dernières années. La maladie de la vigne avait réduit les vignobles de 30,000 hectares à moins de 5,000. On essaie de les reconstituer avec des plants américains. La culture spéciale de la contrée, celle d'une plante tinctoriale, la garance, a été mise en grand péril, sinon tout à fait détruite, non plus par un fléau naturel, mais par un progrès de la science. Les chimistes ont en effet trouvé le moyen d'extraire de la houille une *alizarine* artificielle, et l'on ne voit plus dans les champs les puissantes charrues, attelées de six paires de mules toutes chargées de grelots, ni, en longues files, la troupe bariolée de travailleurs et de travailleuses qui achevaient à leur suite d'arracher la précieuse racine. La maladie du ver à soie a nui, elle aussi, à l'industrie locale; mais Avignon n'en est pas moins restée une des premières cités du Midi comme lieu de manufactures et d'échanges. Elle fabrique des machines agricoles et elle expédie aux habitants de la plaine et de la montagne, jusqu'aux Alpes, tous les produits dont ils ont besoin.

Si nous rentrons dans cette ville, qui a gardé, malgré le temps, sa double physionomie ecclésiastique et guerrière, nous n'avons plus que quelques mots à dire sur la langue du pays et le caractère des habitants.

Ce n'est pas un patois, c'est une langue encore vivace et féconde que ce provençal, dont l'accent, si désagréable et si traînant quand il s'attache aux mots français, est si doux quand il souligne les mots indigènes. Langue musicale, charmante de grâce et de naïveté, sonore et forte à l'occasion, qu'une pléiade de poètes pleins de foi et d'enthousiasme a rajeunie en des œuvres célèbres dans le monde entier. F. Mistral, l'auteur de *Mireio* et de *Calendaù*, est, il est vrai, de Maussane, au pied des Alpines : mais Avignon est la capitale des *Félibres*, et l'un des plus illustres d'entre eux, l'auteur des *Oubretto*, de la *Campano mountado*[1], réserve sans doute encore à la

[1] Les *Petites Œuvres* et la *Cloche montée*, par M. ROUMANILLE. M. Théodore Aubanel, l'auteur de la *Miougrano entreduberto* (*la grenade entr'ouverte*), et de beaucoup d'autres poésies provençales, l'un des trois poètes qu'Amy avait réunis dans le médaillon qui est au Musée, est mort en 1887

la ville qu'il habite plus d'un chant populaire. C'est de chez lui que l'*Armana Prouvençau* prend, chaque année, son vol et va raviver dans toute la Provence, avec de délicieuses poésies, avec des récits, des fantaisies pleines de verve et de sel, la gaieté, le goût du beau, et le patriotisme en même temps que l'amour des traditions locales.

Quelle sera l'issue de cette campagne littéraire ? Peut-être ce langage est-il trop docile aux poètes, et leur est-il trop facile de le forger au gré de leur inspiration ; s'il manque de fixité, quelle durée peut-il prétendre ? Il est bien tard aussi pour lutter contre le courant qui entraîne toutes les parties de la France à adopter une langue et des mœurs communes.

Ainsi l'on ne retrouverait plus à Avignon les rudes portefaix dont la brutalité préoccupait longtemps d'avance les passagers des bateaux à vapeur. « Huit ou dix portefaix grossiers, dit Stendhal, se sont jetés sur mes effets et s'en sont emparés malgré moi ; j'enrageais, mais ne disais mot. Joseph, mon domestique, plus près de la nature, a donné et reçu quelques bonnes poussées. »

Si les hommes du peuple ont toujours le regard ardent, le teint basané, la veste jetée sur l'épaule, si le soleil les force de travailler à l'ombre, il est rare qu'ils dorment, comme le prétend le même voyageur, couchés au milieu de la rue. Mais ils apportent le même entrain aux réjouissances publiques, et organisent volontiers, comme autrefois, les farandoles, qui sont ici de toutes les fêtes.

Les Arlésiennes ont peut-être un costume plus pittoresque et plus séduisant encore que les femmes d'Avignon ; elles n'ont pas de plus beaux yeux.

En politique, les habitants du Comtat ne connaissent pas de nuance. Tous Français de cœur, ils sont tous aussi, comme on dit, ou tout *rouges* ou tout *blancs* ; ils portent dans les questions électorales cette vivacité d'impression, cette passion qui surprend parfois les hommes du nord. Faut-il leur recommander plus de mesure ? — Autant vaudrait prêcher la modération au Rhône ou au mistral.

FIN.

APPENDICE.

Fac-similé (réduction au quart) *de la treizième feuille, tome 1er, de l'Ouvrage intitulé* : Urbium præcipuarum mundi Theatrum, *2 vol. in-fol., publié en 1572 à Cologne, par* GEORGES BRAUN, *de concert avec* Fçois HOGENBERG.

Cette feuille contient une Notice en latin sur Avignon, et le Plan de cette ville, dit le Plan aux personnages.

VRBS AVINIONENSIS.

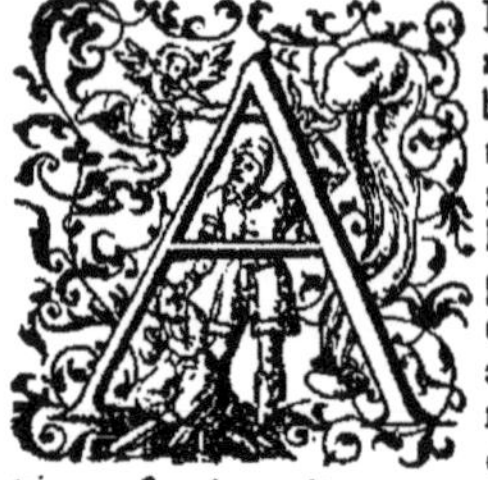

D vtranq; Rodani ripam, insigne totius Galliç flumẽ, in Prouincia sita, summæ antiquitatis laudem eò meretur, quòd priscis apud Romanos temporibus magnæ celebritatis dignitatisque fuerit. A quo verò sit prima fundatione constructa, difficulter ex historiarum monumentis erui potest. sunt, qui nullis historijs certis, sed vacillantibus coniecturis adserant, primùm eam hoc loci, sortitionibus, ex auium volatu obseruatis, ædificatam, vtque perpetua, tam magnificæ fundationis retineretur memoria, vsitatis priscorum consuetudinibus obseruatum, vt, quicunque eius generis auem, aut viuam, aut mortuam exhiberet, à vectigalium, & telonij solutione liber atque immunis iudicaretur. Sed, cum hæc fabulis, quàm historiarum veritati propinquiora, ab omnibus facilè intelligantur, ijs relictis, ipsam nunc vrbem Auinionensem ingrediamur: quam septenarius numerus, hoc est, omnium perfectissimus, laudabilem reddit. Septies etenim in ea, & hæc quidem inter se septenario numero repetita, præcipua ornamenta videntur. Septem nimirum pallatia, totidem parochiæ, Xenodochia, Monasteria virginum, Collegia, Conuentus, portę. Primi eius vrbis conditores, ad optimum vrbis statum respexisse videntur, qui tãto studio, septenarium in ea numerum obseruarũt. Si etenim D. Augustino, varijs in locis, potissimum verò lib. 11. de ciuitate Dei, cap. 31. & lib. 17. cap. 4. fidẽ adhibemus, omniũ numerorum perfectissimus est septenarius, tũ, quia ex toto impari, & ex toto pari cõstet, quo etiam nomine à Macrobio commendatur: tum, quia in sacris etiã litteris, pro vniuerso ponatur. Veluti, Septies in die cadit iustus, id est, quotiescũq; ceciderit. Itẽ, Septies in die, laudem dixi tibi. Id alibi his verbis dicitur: Semper laus eius in ore meo. Sed hæc ad Theologorum scholas remittenda. Cathedralis in hac vrbe Ecclesia D. Virgini sacra (Episcopatu siquidem inclarescit) fundationibus dotata amplissimis, conspicitur, in qua, etiamnum ea ipsa sine hæresum superstitione viget religio, quã B. Rufus martyrio clarus, primùm introduxit, quem D. Paulus, cuius fuit discipulus, eò destinauit, vt euangelicam ibi operam nauaret. Quod ea felicitate præstitit, vt non meminerim me vnquam legisse, hunc Galliæ tractum, cuius hæc vrbs primariũ constituitur caput, à fide & religione Christiana vnquam desciuisse, vsq; ad superstitiosos seditiososq; Albigensium errores, qui duo cũ Manicheis ponebant principia: corporũ resurrectionem non admittebant: Baptismi & Eucharistiæ sacramenta contemnebant. Item, quòd anima, pro meritorum diuersitate, in diuersa, in brutorum etiam animantium admittatur corpora, ad male anteactã vitam puniendam: si autem benè honesteq; vixerit, in principis illustris alicuius viri recipi corpus; prout hæc & plura alia de impijs eorum dogmatibus apud Alfonsum à Castro, & Bernardum Lutzenburgensem inueniuntur. Porrò, vrbs hæc Auinionensis, magnificis summorum hominum, & Cardinalium decoratur pallatijs, Carthusianorum etiam cœnobio, quod reliqua vniuersæ Franciæ omnia celebritate præcellit. Sedem hæc vrbs Maximo Ecclesiæ Romanæ Pontifici annis septuaginta præbuit, quæ cum pro veteri à D. Petro recepta consuetudine Romã iterum esset translata, perpetuus ab eo tempore hoc loci legatus semper resedit, ipsam Pontificis auctoritatem repræsentans. Eius est penes Cardinalium consistorium collatio, ad quam præcipuæ dignitatis virum, qui reliquos auctoritate, experientia, doctrina & pietate prælucet, euehere solent. Amplissimæ huic functioni iam hoc tempore summa cum laude præest, præcellens & Illustrissimus Princeps, R. E. Cardinalis Carolus Burbonius, multò rerum vsu, & præstantissimarum virtutum nitore politus, acerrimus R. Ecclesiæ defensor & propugnator. Illo verò, ob ardua Reipubl. negotia absente, Vicelegati munere fungitur D. Georgius Amaignacẽsis: & is R. Ecclesiç Cardinalis, generis, doctrinç, & pietatis laude prçstans. Vrbs hçc latè patenti Romanorum imperio paruit, ad Gothorum vsque irruptionem; quibus à Burgundionibus deinde pulsis, ad horum gubernationem Reipub. cursus instituitur, à quorum se tãdem subduxit dominio, quando Budonis filij Arelatensium Regis titulum vsurpantes, huic etiam vrbi præfuerunt. Cæterũ Ottho Imperator, hoc sibi vendicans regnum, Auignionem etiam suæ iurisdictionis effecit. Deinde ad Prouinciæ comites vrbs ipsa peruenit. Tum Carolus Franciæ Rex, prouinciæ hæredem ducens vxorem, factus est Siciliæ, atque Neapolis Rex, successores etiam Prouinciæ Comites habuit, & Ioanna succedẽs, Roberto Regi Neapolitano fratri bellum mouẽs, cum Rege Hungariç cognato, Clementem Pontificẽ, eius nominis sextum, suarum partium fecit: Vrbem hanc Auinionensem Pontifici vendidit. eius enim patrimonium habebatur. Persoluitur pretium feudi permutatione. tantundem enim, & eo amplius ob regnũ Neapolitanum Ecclesiæ Romanæ debebat. Aequalis autem retinetur auctoritas, tam eorum, qui Pontificis, quam eorum, qui Reipub. nomine præsunt, etsi iurisdictio habeatur diuersa. nam in congressibus publicis par prçfectorum dignitas, æqualis vexillorum obseruatur ordo. Ita, vt eundem dignitatis gradum vrbis præfecti obtineant, quo multorum annorum interuallo sub Comitibus semper sunt vsi. Agri bonitate gaudet, pannorum, & byssi tinctura, papiraceis quoque molis, nomen hæc vrbs meruit. nam aquis, eiuscemodi negotiationi opportunis est diues. Vniuersitate denique inclarescit, quæ olim, quando Romani Pontifices ibi residebant, florentissima fuit, optimisq; priuilegijs ornata. Huic Paulus Castrensis Iurisconsultus multum splendoris attulit, vt eius commentaria in ius ciuile, quæ prælectiones Auinionicæ vocantur, declarant. Andreas quoque Alciatus, cum propter bella in Galliam venisset, sexcentorum aureorum stipendio conductus, docuit, vt in oratione ad Tininensis Academiæ alumnos, profitetur.

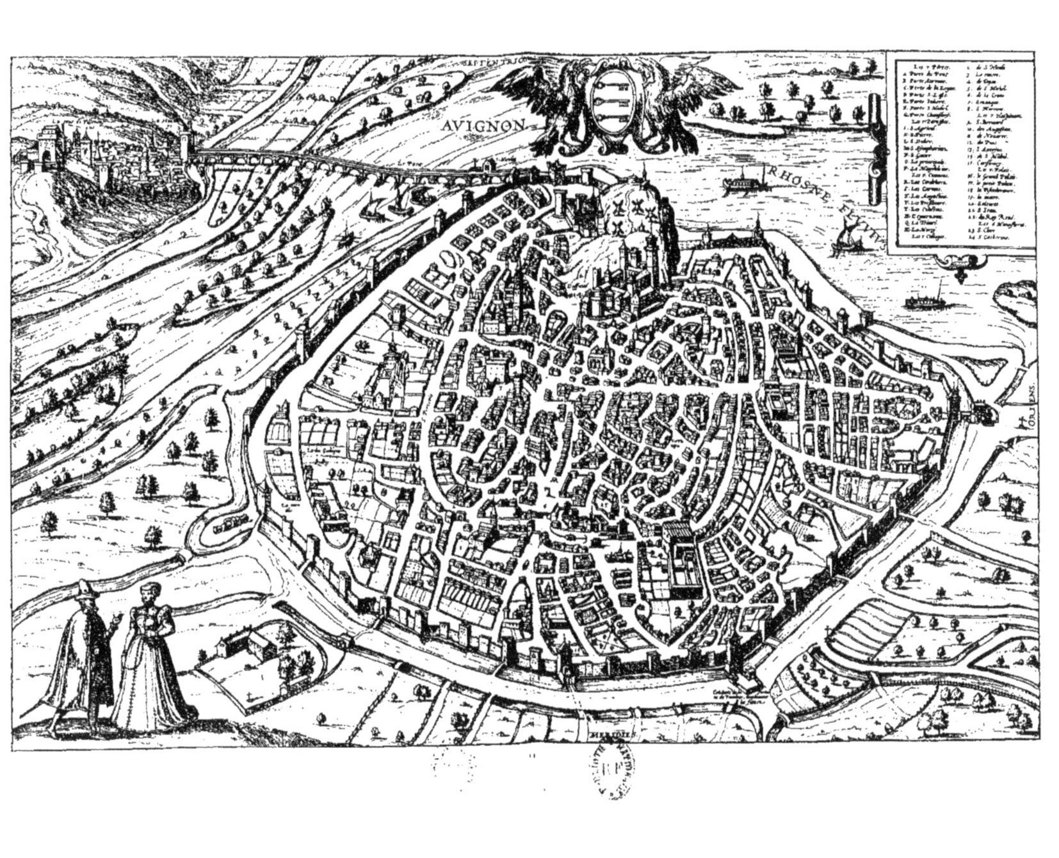

AVIGNON
RHOSNE FLUVIU

TRADUCTION DE LA NOTICE EN LATIN.

La ville d'Avignon, sur les deux rives du Rhône (1), le plus remarquable des fleuves de la Gaule, dans la Provence, mérite d'autant mieux son renom de haute antiquité, qu'elle était très peuplée et très célèbre dès les premiers temps des Romains. Quel a été son premier fondateur ? nous ne pouvons guère l'apprendre des monuments de l'histoire. Quelques uns, sans autorités certaines, mais sur de vagues conjectures, affirment qu'elle fut élevée en ce lieu d'après des présages tirés du vol de certains oiseaux et que pour perpétuer la mémoire d'une fondation si admirable, il fut d'usage, chez les anciens, d'exempter d'impôts et de péage quiconque présenterait mort ou vif un de ces oiseaux. Mais comme tout le monde comprend que ce sont là des traditions plus voisines des fables que de l'histoire véritable, laissons-les de côté et entrons dans la ville même d'Avignon. Le nombre sept, c'est-à-dire le plus parfait des nombres, l'a rendue digne d'éloges. On voit en effet sept fois en elle les principaux ornements, et ils y sont chacun répétés sept fois. Il y a sept palais, autant de paroisses, d'hôpitaux, de monastères de vierges, de collèges, de

(1) Je donne littéralement, autant que possible, la traduction de cette curieuse Notice. Il semble d'après la première ligne que l'auteur considère Avignon et Villeneuve comme formant une seule ville. Un peu plus bas, il parle d'une Chartreuse. Il y en avait une à Villeneuve ; il n'y en avait pas à Avignon.

couvents, de portes [1]. Les premiers fondateurs de cette ville semblent avoir eu en vue sa prospérité en observant avec tant de soin le nombre sept. Si en effet nous en croyons St. Augustin en divers passages, et surtout au livre II de la Cité de Dieu, chap. 31, et livre 17, chap. 4, le nombre sept est le plus parfait de tous les nombres, d'abord parce qu'il est formé de l'impair et du pair par excellence, et, à ce titre, il est aussi recommandé par Macrobe, et de plus parce que dans les livres saints eux-mêmes il est pris pour le nombre en général. Ainsi « le juste pèche sept fois, » c'est-à-dire, un nombre quelconque de fois. De même « sept fois dans le jour j'ai dit tes louanges, » et ailleurs la même pensée est exprimée en ces termes : « sa louange est toujours dans ma bouche ». Mais il faut renvoyer cela aux écoles des théologiens. La cathédrale de cette ville consacrée à la Sainte-Vierge, (elle a l'avantage d'être le siège d'un évêché), dotée de fondations très importantes, attire tous les regards ; là fleurit encore sans aucun mélange d'hérésies la doctrine même que St. Ruf, célèbre par son martyre, y avait apportée ; c'est lui que St. Paul, dont il était le disciple, avait désigné pour venir évangéliser ce pays. Il s'en acquitta avec tant de bonheur que je ne me souviens pas d'avoir jamais lu que la partie de la Gaule, dont cette ville est le chef-lieu, se soit jamais écartée de la foi et de la religion chrétienne jusqu'au

(1) La légende qui accompagne le Plan observe cette division. Elle est curieuse en ce qu'elle est naïvement fautive ; elle est incomplète comme si le graveur avait oublié de bien prendre ses mesures pour la faire entrer dans le joli encadrement qu'il lui a donné, et enfin les *lettres* de renvoi n'ont pas été répétées dans le Plan, ce qui en rend l'usage malaisé. Je la reproduis scrupuleusement, avec son orthographe et ses *coquilles*, à la suite de cette traduction. Il y a deux fautes d'impression dans cette Notice même : *Lutzenburgensem* pour *Luxenburgensem*, et *Tininensis* pour *Ticinensis*.

temps des erreurs superstitieuses et séditieuses des Albigeois, qui posaient deux principes avec les Manichéens, n'admettaient pas la résurrection des corps et méprisaient les sacrements du baptême et de l'eucharistie. Ils croyaient aussi que l'âme, suivant la diversité de ses mérites, passe dans divers corps, même dans ceux des bêtes brutes, en punition d'une vie mal remplie, et qu'elle est reçue, si elle a bien et honnêtement vécu, dans le corps de quelque prince ou de quelque illustre personnage. On trouve ces détails et d'autres touchant leurs doctrines impies dans Alphonse de Castres et Bernard de Luxembourg. Or, cette ville d'Avignon est décorée de magnifiques palais d'hommes considérables et de cardinaux, et aussi d'un couvent de Chartreux qui l'emporte sur tous ceux de la France entière. Cette ville a servi de résidence pendant soixante et dix ans au Souverain Pontife de l'église romaine, et, depuis que cette résidence a été, suivant l'antique usage reçu de St. Pierre, de nouveau transférée à Rome, il y a toujours ici un légat représentant l'autorité même du Pontife. Il est nommé par le consistoire des cardinaux, et ceux-ci ont coutume d'appeler à cette charge un homme d'une dignité éminente, qui l'emporte sur les autres par l'autorité, l'expérience, la science et la piété. Celui qui préside aujourd'hui, avec la plus grande gloire, à cette haute fonction est l'éminent et illustrissime prince Charles de Bourbon, cardinal de l'église romaine, d'une expérience consommée, brillant de l'éclat des vertus les plus rares, vaillant soldat et défenseur de l'église romaine. Pendant son absence, nécessitée par les difficiles affaires de la république, Mgr Georges d'Armagnac(1) exerce la charge de vice-légat. C'est aussi un cardinal de l'église romaine,

(1) Ces indications nous donneraient à elles seules la date de cette Notice et du Plan : Georges d'Armagnac, en effet, remplit les fonctions de vice-légat de 1565 à 1585.

distingué par sa naissance, sa science et sa piété. La ville fut soumise au vaste empire des romains jusqu'à l'invasion des Goths. Les Burgondes les chassèrent et établirent leur gouvernement auquel la ville fut enfin soustraite lorsque les fils de Budon, usurpant le titre de rois d'Arles, la mirent aussi sous leur autorité. L'empereur Othon, revendiquant ce royaume, soumit aussi Avignon à sa juridiction. La ville appartint ensuite aux Comtes de Provence. Alors Charles, roi de France [1], épousant l'héritière de la Provence, devint roi de Sicile et de Naples ; il eut aussi pour successeurs des Comtes de Provence, et Jeanne, qui vint ensuite, faisant la guerre à son frère Robert, roi de Naples, avec le roi de Hongrie, son parent, s'assura l'alliance du pape Clément, sixième de ce nom. Elle vendit au pape cette ville d'Avignon qui faisait partie de son patrimoine. La cession de ce fief servit à payer une dette, car elle en devait bien le prix et plus encore à l'église romaine pour le royaume de Naples. L'autorité est partagée également entre ceux qui gouvernent au nom du pape et ceux qui gouvernent au nom de la république, bien que la juridiction diffère, car, dans les assemblées publiques, ces chefs reçoivent les mêmes honneurs et leurs étendards marchent de front. Les chefs de la ville conservent ainsi les mêmes honneurs dont ils ont joui pendant de longues années sous les Comtes. La ville a un territoire fertile et elle est devenue célèbre par la teinture des étoffes et de la soie, et par ses moulins à papier, car elle est riche en eaux excellentes pour ce genre d'industrie. Enfin elle s'est illustrée par son université qui fut très prospère pendant le séjour des papes à Avignon, et comblée de privilèges. Le jurisconsulte Paul de Castres lui donna

(1) Il est inutile de faire remarquer combien ce récit contient d'inexactitudes, mêlées à de précieuses vérités.

beaucoup d'éclat, comme le font voir ses commentaires sur le droit civil qui portent le nom de leçons avignonaises. André Alciat, aussi, lorsque la guerre l'eut forcé à venir en Gaule, enseigna à Avignon pour le prix de six cents pièces d'or, comme il le déclare dans son discours aux élèves de l'académie de Pavie.

Légende du plan.

Les 7 portes.

A. *Porte du Pont.*
B. *Porte Aurouze.*
C. *Porte de la Legue.*
D. *Porte S. Iasse.*
E. *Porte Iubert.*
F. *Porte S. Michel.*
G. *Porte Chanflory.*

Les 7 Paroisses.

I. *S. Agricol.*
K. *S. Pierre.*
L. *S. Didier.*
M. *S. Symphorian.*
N. *S. Ginier.*
O. *La Principale.*
P. *La Magdeleine.*

Les 7 conuens.

R. *Les Cordeliers.*
S. *Les Carmes.*
T. *Les Augustins.*
V. *Les Prescheurs.*
Y. *Les Célestins.*
H. *L'opseruance.*
Q. *La Trinité.*
X. *La Mercy.*

Les 7 collèges.

2. *de S. Nicola.*
3. *Le roncre.*
4. *de Dijon.*
5. *de S. Michel.*
6. *de la Croix.*
7. *Senanque.*
8. *S. Marceau.*

Les 7 Hopitaux.

9. *S. Bernard.*
10. *des Augustins.*
11. *de Nazaret.*
12. *du Pont.*
13. *S. Antoyne.*
14. *de S. Michel.*
15. *Canfleury.*

Les 7 Palais.

16. *le grand Palais.*
17. *le petit Palais.*
18. *la Viscederance.*
19. *la motte.*
20. *Salences.*
21. *S. Iean.*
22. *du Roy René.*

Les 6 Monastères.

23. *S. Clere.*
24. *S. Catherine.*

TABLE DES MATIÈRES.

I. — AVANT LES PAPES.

II. — SOUS LES PAPES.

III. — AVIGNON FRANÇAISE.

LILLE. IMP. L. DANEL.

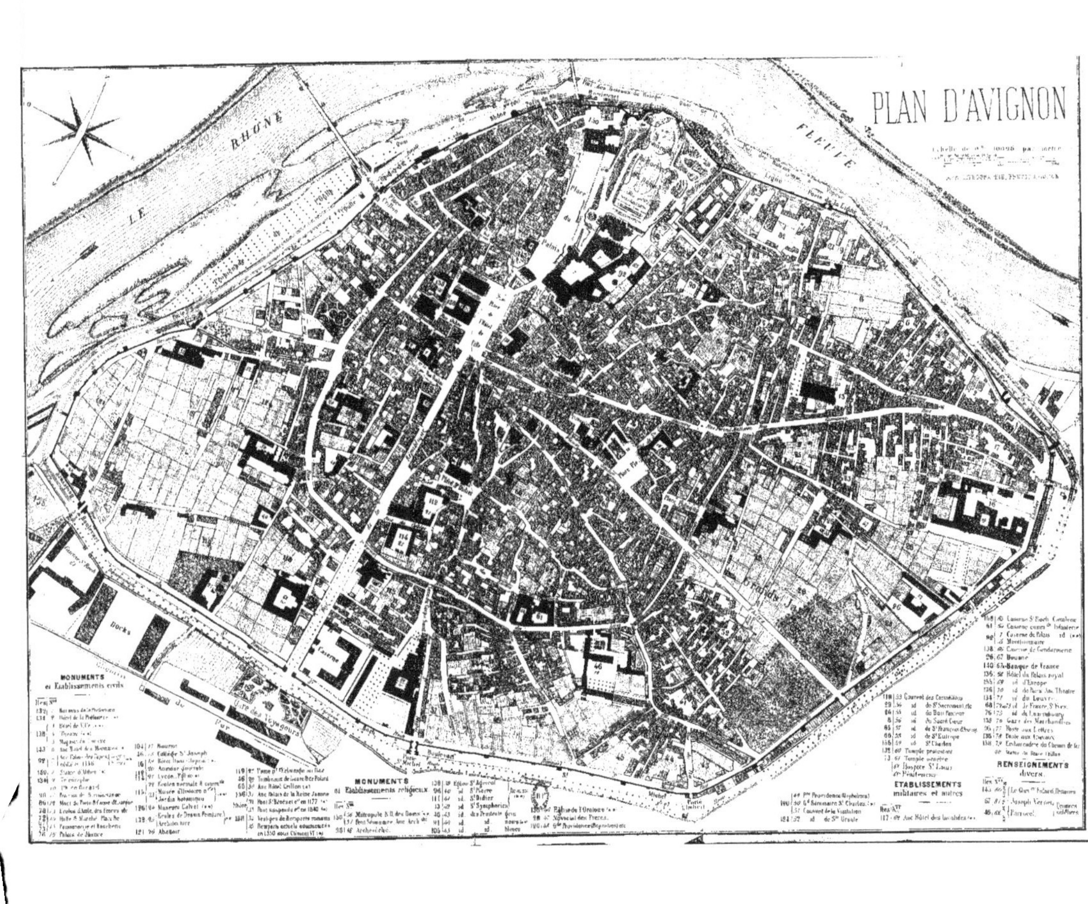
PLAN D'AVIGNON
LE RHÔNE
FLEUVE
MONUMENTS
et Etablissements civils
MONUMENTS
Etablissements religieux
ETABLISSEMENTS
militaires et autres
RENSEIGNEMENTS
divers

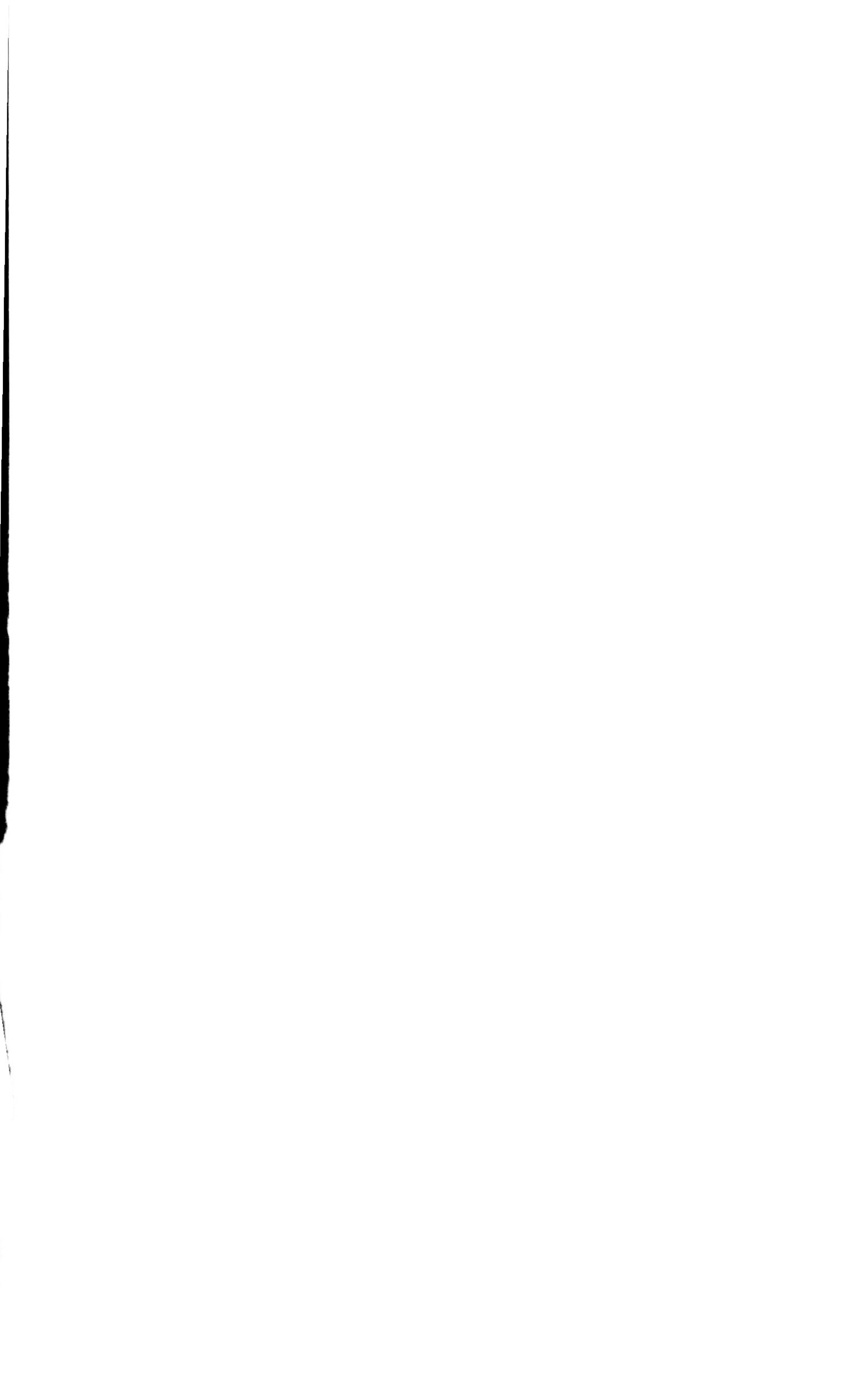

www.ingramcontent.com/pod-product-compliance
Ingram Content Group UK Ltd.
Pitfield, Milton Keynes, MK11 3LW, UK
UKHW022104190726
13855UKWH00002B/640

9 782013 418225